新型城镇化土地利用管理及信息化研究

——以西咸新区为例

李萌 著

XINXING
CHENGZHENHUA
TUDI LIYONG
GUANLI JI XINXIHUA
YANJIU
——YI XIXIAN
XINQU WEILI

吉林大学出版社

长春

图书在版编目（CIP）数据

新型城镇化土地利用管理及信息化研究：以西咸新区为例 / 李萌著. -- 长春：吉林大学出版社，2020.11
ISBN 978-7-5692-7562-9

Ⅰ.①新… Ⅱ.①李… Ⅲ.①城市化－土地利用－研究－陕西 Ⅳ.① F321.1

中国版本图书馆 CIP 数据核字 (2020) 第 220699 号

书　　名：新型城镇化土地利用管理及信息化研究——以西咸新区为例
XINXING CHENGZHENHUA TUDI LIYONG GUANLI JI XINXIHUA YANJIU
——YI XIXIAN XINQU WEI LI
作　　者：李　萌 著
策划编辑：卢　婵
责任编辑：卢　婵
责任校对：单海霞
装帧设计：汤　丽
出版发行：吉林大学出版社
社　　址：长春市人民大街 4059 号
邮政编码：130021
发行电话：0431-89580028/29/21
网　　址：http://www.jlup.com.cn
电子邮箱：jdcbs@jlu.edu.cn
印　　刷：广东虎彩云印刷有限公司
开　　本：787mm × 1092mm　1/16
印　　张：11.75
字　　数：140 千字
版　　次：2020 年 11 月　第 1 版
印　　次：2020 年 11 月　第 1 次
书　　号：ISBN 978-7-5692-7562-9
定　　价：95.00 元

前　言

进入21世纪以来，我国的城镇化水平高速发展，为解决日益艰巨的人地矛盾和资源短缺问题，中央政府提出了新型城镇化的概念。新型城镇化下的土地利用是在新型城镇化的理念下，结合区域内土地的自然条件与特征，切合国家社会经济发展的需求，对区域内的土地资源进行合理开发、统筹安排、整理保护等工作。随着“3S”技术、移动数据处理技术、高端的遥感传感器获取与遥感影像融合技术、直观的三维可视化与网络GIS技术等信息化测绘技术的发展，土地利用管理信息化工作的效率得到了极大提高，保证了工作质量，减轻了劳动强度，为工作带来极大的便捷。

本书以西咸新区为例，遵循创新理念和发展模式，结合区内的自然条件、历史文化遗存以及区内的发展基础，分析了西咸新区土地利用的模式，为西咸新区的土地利用管理工作建立三维信息化系统，并对土地利用管理带来的经济效益、社会效益、生态效益和景观效益做出评价。新型城镇化的理念与西咸新区土地利用研究相结合，较系统的阐述了新型城镇化视角下西咸新区土地利用的理念和方法。按照土地利用规划的基本原则、结合西咸新区的自然条件及历史文化遗存，构建了西咸新区土地利用管理的总体框架，设计了西咸新区三维信息化系统，并对西咸新区的土地利用管理进行效益评估，取得了一些阶段性的研究成果。研究对于西咸新区科学制定并有效实施土地利用管理管理信息化方案具有重要意义，对于国内其他同类城市也具有一定的借鉴意义和参考价值。

本书是在笔者博士论文研究的基础上，经过进一步整合提升撰写。全书分为七个章节，主要对新型城镇化进程中土地利用内容和变化特点做出研究。我国城镇化所经历的曲折发展期、快速发展期和科学发展期三个阶段进行描述，阐述了世界城市化发展的基本趋势及典型模式，汲取和借鉴先进国家的经验和教训，对于促进我国的城镇化健康、有序发展具有重要意义，并且对土地利用管理的含义进行解释。对西咸新区土地利用的制度因素、市场因素和环境因素进行了分析和总结。根据西咸新区的发展战略和空间布局策略，西咸新区延续区域内原有绿色生态基底，组团布局城市建设用地，增强区域内部分工协作，有机组织各个功能组团，构建组团式发展的现代田园城市格局，将建成西安国际化大都市的主城功能新区和生态田园新城。建设生态田园新城的土地利用模式主要以农业用地土地流转规模化和建设用地集约化，并以“秦汉农城”为例进行分析。笔者在西咸新区参与了秦汉新城 2800 亩土地项目的流转实施，就是在新型城镇化发展的理念下，坚持土地集约利用和规模化。最终西咸新区将建设成为生态节约、环境友好、设施现代、社会和谐、开放包容、彰显历史文化、产业有序集聚的生态田园新城。书中构架了西咸新区土地利用管理信息化方案。

提出了数字化、网络化、可视化的西咸新区三维地理信息系统，针对土地利用经济、社会、生态和景观效益目标，建立了西咸新区土地利用管理的效益评价指标体系，并通过评价不同阶段的综合效益值分别为0.375、0.483、0.671，验证了实施土地集约化及生态化田园新城方案的可行性与有效性。

对于西咸新区土地利用信息化进行了研究和科学的探讨，希望能够为土地利用研究做出一定贡献，对西咸新区土地利用工作提供有益的借鉴。同时，本书也还有很多不够完善的地方，对很多问题的论述不够深入，对于一些问题的看法可能存在片面或者不妥之处，恳请读者批评指正。

李 萌

2021 年 1 月于西安

目　录

第1章 绪 论

1.1 研究背景、目的和意义

1.1.1 研究背景

鉴于我国的基本国情，现阶段我国正处于城镇化发展上升时期。总体上依然是“工业带动农业，城市带动农村”的发展模式，中国城镇化的推进过程，在城镇劳动力持续不断增加、社会经济不断增长的状况下，得到了迅速发展[1]。目前，建设新城镇模式逐步取代旧城乡的原有结构已成为我国发展的趋势。在城镇化进程中，对于土地的需求与日俱增。但是由于我国各地人口密度的不断增加，并在许多地区大力发展建设，人多地少的现象越来越普遍，城市的不断扩张更让耕地面积日益减少。同时，在我国城镇土地利用方式不合理、土地利用效率低、大量土地浪费等现象严重，应该引起相关部门的重视。因此，对于土地管理问题的研究必须结合我国现阶段的城市发展的基本状况，找准出发点，遵循基本原则。

土地是城镇化的物质基础和空间载体，城镇化的特点就是“用地”和“聚人”，土地制度是国家的根本制度之一，事关经济发展、政治进步、社会和谐、文化集成和生态节约[2]。城镇化的基本属性即为土地，坚持保护耕地的基本原则不动摇，充分利用好土地，满足新增的城镇建设用地需求，实现城镇化持续协调发展，具有十分重要的理论与现实的意义。

1.1.2 研究目的

本书研究的目的在于从新型城镇化的基本理念出发，了解我国城镇化发展所经历的波折路程，掌握土地利用管理工作规划方案实施的一般步骤[3]，分析当前土地管理所采用的现代化测绘技术手段，深入探索我国城镇化进程中土地利用变化与特点及城镇化发展土地资源承载现状，对我国城镇化下的土地利用管理进行了深入思考，并根据项目区的特点，总结出适合西咸新区发展的土地利用模式，并进行了实证研究。

在计算机技术、新兴测绘信息化技术的基础上，来设计西咸新区土地管理的三维信息化系统，该系统可以兼容不同的数据类型，科学高效地管理区域内不同土地的利用问题，摒弃传统土地利用信息化存在的费时费力问题。使其更自动化、智能化、人性化，进而使土地管理信息化的工作效率不断得到提高，保证数据的实时更新以及能够应对随时可能出现的突发状况。同时对该系统的应用范围不断扩展，将与土地利用相关的内容均可添加到系统中，不断丰富系统的内容。

1.1.3 研究意义

目前，西咸新区的经济快速发展，导致土地资源日益紧张。对现有土地的合理开发，对新区的发展至关重要。本书以西咸新区为研究对象，调查新区的土地利用管理现状，针对项目区的特点提出相应的方案，可为我国其他新型城镇的土地利用及产业发展提供科学合理的范例[4]。因此对国家级西咸新区的土地利用管理的研究工作有着极其重要的价值。

使西咸新区有限的耕地得到保护，建设用地高效利用[5]；针对项目区土地征收、市场调控等政府应制定相关的制度；为西咸新区以及西安市的土地利用规划提供科学的理论基础；促进项目区内产业结构的调整与升级[6]，带动整个产业的发展[7]；作为国家级的产业开发区，同时也可作为其他新区的土地利用规划的参考范本。

1.2 国内外研究现状

1.2.1 土地利用国内外研究综述

（1）国外土地利用研究动态

对于西方发达国家，其城镇化的历程可分为集中化和分散化两个发展阶段。在城镇化发展的第一阶段（20世纪50年代以前），城市建设不断扩张，城镇人口密度不断增大，大量人口涌入城市，交通、居民地建设、工业用地建设不断向外延伸；在其第二阶段（20世纪60年代以后），西方国家出现大量居民的迁徙，使城市郊区的居民数量增加[8]。各个国家的城镇化发展大都经历了初始、加速和成熟三个不同的阶段，发展呈现出一快一慢的状态，只是它们的各自城镇化发展的速度和高度以及开始时间不一致而已。美国地理学家诺瑟姆指出，可以用一个国家的城镇人口比重来衡量该国家的城镇化发展水平。

西方国家通过土地管理来提高单位面积土地的产值、土地利用效率和土地的整治保护。学者 Teik 认为，土地管理就是将郊区的土地纳入城市中统一进行规划安排，规划后并对所有人进行补偿。针对土地利用，德国、法国、澳大利亚等国家均采取了相应的政策并制定了相关的法律法规[9]，以便保证城镇化过程中土地管理项目的顺利实施。

（2）国内研究动态与评价

在土地利用方面，我国经历了三个时期的崎岖历程。第一时期（1957–1965 年），经济十分落后，但人口不断增长，导致全国出现饥荒，并不提倡城镇的发展，限制城市人口规模，城镇化水平十分落后；第二时期（1966–1978 年），城镇建设用地不断增加，人均占地面积减少，经济发展水平不高，城市与农村居民生活水平差异较大；第三时期（1978– 至今），由计划经济转变为市场经济，国家政府越来越重视社会经济的发展。因为土地是城市经济发展建设的载体，在城镇化进程中理应把其摆在极其重要的位置。学术界对城镇土地管理问题也做了大量研究。

国内许多学者结合我国城市经济发展现状，就理论层面探索城镇土地利用的相关问题。学者潘琦认为，提高土地利用效率的重要手段是采取土地整理[10]。罗鸿铭学者在研究合理安排土地利用时，提出了一种城镇土地集约配置模型[11]。王松林学者指出，为建设用地建立一系列适用的标准，完善土地征收价格制度，进而来提高土地利用效率[12]。学者王丽萍等取江苏13个地级市作为样本，为发现城市用地扩张的主要影响因素选1994年、2000年、2003年三个时点进行研究[13]。结果表明，在不同的时点经济发展的驱动力存在很大差异。

在我国城镇土地规划方法和空间的发展严重受到政府制度的制约，改革开放后，虽然在市场经济制度下，但对于土地的使用权利政府的调控能力大于市场的权利，在土地方面的制度还没有形成完备的体系[14]。现阶段我国城镇空间规模扩张主要受到工农业发展水平、居民生活水平、人均占地面积等的影响[15]。在市场经济体制下，无论从需求还是供给方面来说，在不同的影响因素及双重作用下，导致城镇空间不断扩张。

1.2.2 土地管理信息化国内外研究综述

随着信息技术的发展，土地利用管理方面数据的处理能力得到较大的提高，而且管理能力更强，更便于用户掌握土地资源利用管理现状，土地利用管理工作开始向信息化方向迈进。伴随着3S技术的出现，提出了“数字地球”的概念，即充分利用3S技术，将自然界和人类的空间数据通过数字的方式来获取、处理与应用，进而实现全球信息数字化，其核心内容就是实现全球信息数字化，这样无论你身在何处，通过地理坐标就可以了解地球上的所有信息。

（1）国外土地管理信息化现状

在全球一体化的趋势下，世界各国越来越重视信息化技术在土地管理中的应用。很多西方发达国家地籍机构对土地管理、申请审批等办公工作已在网上实现。在全球建立的多个不同的数据信息系统，大部分都可以实时进行访问，以获取所需要的相关信息。此外，美国开发的基于高分辨率卫星遥感影像的土地管理系统，可以获得全球土地的分布状况。加拿大也制订并实施了“资源来源”计划，其核心是信息知识管理与共享[16]。同时，一些西方发达国家根据各自的行业需求建设了有应用价值的土地信息化系统。对系统的数据对象分析研究，按照一定的规则将复杂的图形剥离成简单图形的组合，即将复杂问题简单化。在 GIS 软件平台下，按照功能需求及框架设计开发系统，实现土地合理规划与高效管理的信息化工作。

国外比较常见的土地管理信息化系统有“德国土地利用信息化系统”“英国土地管理信息系统”“日本国家地理信息系统”等[17]，用来存储及实时更新土地信息。随着网络时代的到来，许多发达国家的土地管理信息化系统在网络环境下运行工作。

澳大利亚在土地管理方面制订并实施了智能计划[18]，开发了可随时对土地信息进行查询信息化系统；荷兰当局在网络环境下开发了具有存储、三维可视化功能的地籍数据库系统[19]；芬兰土管局基于 GIS 软件平台，开发了具有数据兼容性、信息多样化的新系统（JAKO）。

（2）国内土地管理信息化现状

我国地域面积广、土地类型多种多样，土地管理工作也异常困难复杂，对科学高效的土地管理信息化系统的需求十分迫切。近年来，在我国土地管理部门的不懈努力下，结合我国不同地区的土地特点，在土地管理信息化建设方面也取得了显著成效，具体可从以下方面看出。

1）土地管理信息化系统建设的路子已经比较完备。在21世纪初期召开的全国土地管理信息化会议中，明确指出我国土地管理信息化建设的总方针与任务[20]，就全国而言规划出其总体框架，构建出具有信息共享功能的信息化系统。并为各省市地区土地管理信息化工作提出了新的建设构架。

2）初步建立了土地管理信息化的相关标准。根据当前我国土地管理信息化建设的需求，针对不同的级别制定了不同的标准规范，对国家级制定了《国土资源信息化标准指南》，对市一级制定了《县（市）级土地利用数据库标准》等相关的指标规范。

3）在网络环境下建立用于处理土地利用数据的基础设施设备。随着科学技术的不断发展进步，我国在土地管理方面也已经初步建成了技术先进、稳定可靠的信息化系统，有相应的自动化办公软件，并在软硬件方面达到世界先进水平。各省市区的土地管理数据处理系统建设也取得了不错的成绩。

4）采集并存储了较大规模的土地资源信息化数据资料。近几年，“3S”等高清测绘技术在土地资源普查与监测方面得到了广泛应用[21]，大量的地形图、卫星遥感影像等数据可以方便获取。在全国以及各个地区完成了不同比例尺的土地利用现状图，更新了许多地区的地籍数据库。

5）不断完善土地利用信息的查询访问等服务系统。在原有的基础土地资源数据上，对一些土地管理信息系统进行初步开发和试运行，主要有自然资源部的自动化办公软件系统、以WEB为基础的土地资源调查管理系统、土地利用元数据系统等。

1.2.3 简要综述

我国自实行市场经济体制以来，对于土地管理工作方面的研究不断进步，也越来越受到政府的重视。经过政府部门在土地管理工作方面的不断努力，在一定程度上解决了城镇化进程中人多地少的尖锐矛盾[22]。但是，目前在我国新型城镇化发展过程中仍然存在耕地不断减少、土地利用不平衡、分配不合理、土地供求关系不协调等问题。对于土地利用规划的方法研究，定性与定量相结合的方法还不算成熟，对于土地利用规划方法仍有很大的研究空间，土地利用中还有合理规模、利用效率等亟待解决的问题，本书在这些方面将继续做出研究，进一步丰富研究素材。

1.3 研究思路和方法

1.3.1 研究思路

在党的十八届三中全会通过的《中共中央关于全面深化改革若干重大问题的决定》中提出，坚持走中国特色新型城镇化道路。本书在新型城镇化背景下对西咸新区的土地利用规划及土地管理信息化进行研究。从新型城镇化基本内涵和土地规划的本质出发，利用在西咸新区所采集的实际数据进行分析，总结出新型城镇化发展与土地利用之间的内容关系，深刻揭示现阶段我国新型城镇化进程中土地利用存在的实际问题。在国内外研究的项目区土地管理的基础上，对西咸新区土地利用模式进行了研究，科学合理地构建其土地利用管理效益评价指标体系[23]。通过对项目区土地利用管理前后的效益评价对比，结合针对西咸新区所制定的相关制度，在提高土地利用效率、保护耕地的前提下，加快区域内经济发展，提高居民生活水平。本书的研究思路可参见下面的流程图。

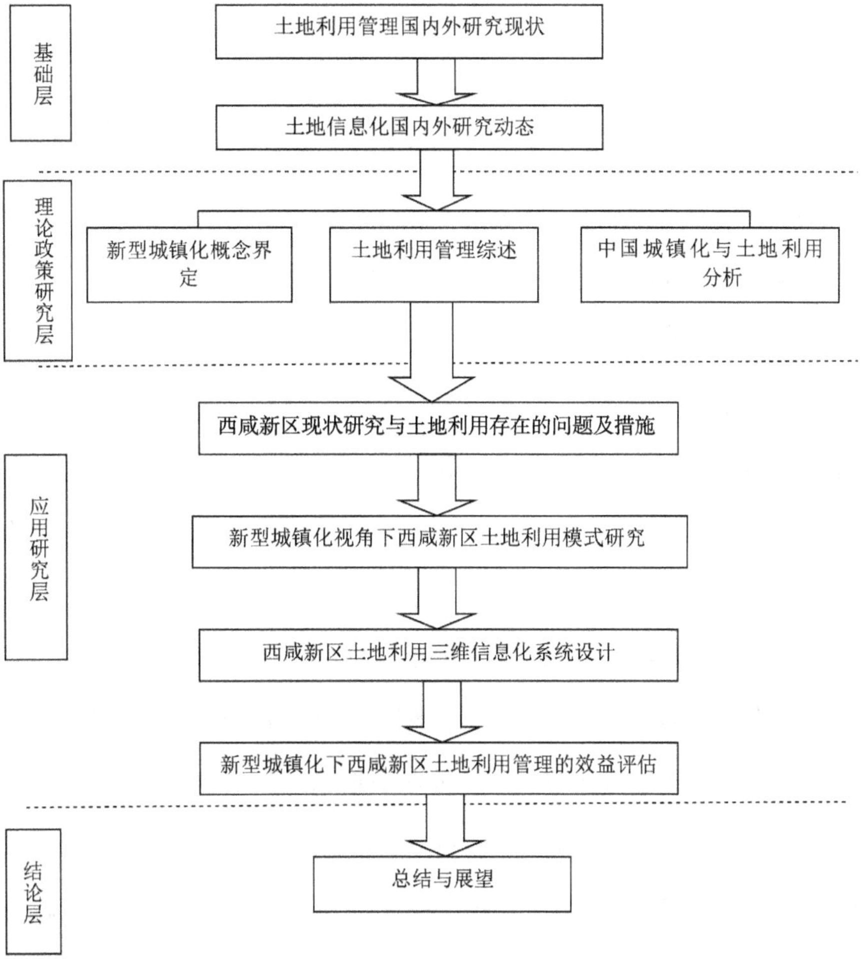

图 1.1 技术路线图

1.3.2 研究方法

本书结合新型城镇化的基本理念，采用定性分析和定量分析相结合、宏观分析和微观分析相结合的方法。利用定性分析方法找出土地管理问题的主导因素，在定性分析的基础上采用定量分析的方法，选择合适的数学模型对其做出效益评价。利用宏观方法分析土地管理问题，对于区域内的经济发展水平、居民收入、生态环境等采用微观方法分析。

1）本书在新型城镇化背景下研究土地利用的本质。揭示出我国城镇化进程中土地利用管理的本质属性，以及土地这一基本载体的内涵，内容新颖。采用以人为本的思想、生态田园城市思路、稀缺原理和可持续发展理论论证了社会主义初级阶段进行的新型城镇化土地利用的方向。

2）本书从西咸新区土地规划的政策背景、空间总体布局和人口分布，分析了土地利用影响因素，坚持土地集约利用和规模化的模式下，对新区进行科学合理布局，总结区内土地利用模式选择，针对不同的土地类型选择合适的利用模式，使西咸新区经济增长与生态保护协调发展，加强耕地保护，增加生态绿化面积，改善居民的生活环境。

3）本书还构建了数字化、网络化、可视化的西咸新区三维地理信息系统。系统涉及地理空间框架建设、数据库建库和系统软件开发等多个环节，是一个复杂的系统工程。为达到项目建设目标，解决项目建设中存在的问题，在技术方法上进行了大量技术创新工作，如针对特大区域海量高精细三维数据模型管理和调度难题，提出了“标准图幅分层、分块、分级”的存储管理办法；针对系统快速响应和调度难题，提出了“数据动态分页调度”技术方法，实现了海量空间数据的快速调度管理。

1.4 本章小结

本章从新型城镇化土地利用管理及信息化的研究背景出发，研究的目的在于提出西咸新区土地利用的新方案构架，基于现代化信息技术开发西咸新区土地利用的三维信息化系统，已达到促进西咸新区土地资源的合理高效利用和管理。进而，阐述了土地利用管理的国内外现状和土地信息化的国内外研究现状。最后提出本书的研究思路和方法，借鉴国内外城镇化进程中土地利用管理的经验模式，提出适合西咸新区发展的土地利用模式，科学合理地构建西咸新区土地利用管理的效益评价指标体系。采用定性和定量相结合、宏观和微观相结合的方法进行研究。

第 2 章 新型城镇化及其土地管理理论研究

2.1 城镇化与新型城镇化

2.1.1 城镇化的一般理论

城镇化在中国是一个被各界广泛认同并应用的名词，而国际上一般使用较多的是“城市化”。国际上城市化的定义是指农村人口向城市人口的转移，以及城市生活方式和其他文明要素向农村领域扩散，从而使得相对落后的农村社会向相对文明先进的城市社会转变的过程。由于中国的城镇化过程不仅包括农村人口向城市转移，还包括农村人口向城镇的转移，因此国内学者更倾向于采用城镇化来描述国内的城镇化过程。根据《中华人民共和国城市规划法》中对城市的定义，城市化和城镇化有着一致的内涵，但通常情况下人们所说的城市并不包含建制镇和集镇在内。一般认为，城镇化的概念是针对片面发展大城市这一问题提出的，它包含了积极发展中心城镇的政策取向。城市的重点在于城市，而城镇化既包含了城市化，也强调了小城镇这一级的发展。这种措辞的不同，不仅仅是概念上的斟酌，也是对中国国情的把握，体现了一种强烈的政策导向。

2.1.2　从城镇化到新型城镇化

城镇化是一个历史范畴，同时，它也是一个发展中的概念。城镇化所具有的特点，包括农村人口比例不断下降，城镇人口数增加，第二产业和第三产业人口不断在城镇中聚集，城镇规模不断扩大的一种过程[24]。城镇化作为一种社会发展所特有的现象，在物质文明和精神文明中都有体现。

这些年来，中央政府在我国城镇化过程中起到了很大的推动作用，并且提出更高的要求和期望，重新定义了中国城镇化的内涵，给出了更符合中国国情的定义。新型城镇化的“新”强调的不只是过去一直要求的城市规模的扩大，还增加了新的要求，包括发展城市的经济、文化、政治生活和改善城市的基础设施，从而提高城市居民的生活质量[25]。国务院总理李克强在做政府工作报告时说，要推进以人为核心的新型城镇化。总而言之，新型城镇化道路以人的城镇化为核心，有序推进农业转移人口市民化；利用主体带动周边的效应把城市作为一个主体形态，然后利用其推动周边小城镇的发展；以综合的承载能力为依托，努力提升城市可持续发展层次；以机制创新为保障，利用创新性的发展策略挖掘城镇化发展潜力，实现以人为本、和谐发展的新型城镇化道路[26]。

“新型城镇化”的内涵：

1）城镇规划设计要有较高的标准。城镇的规划既要考虑当前的发展，也要为以后的发展留下空间，所以要有前瞻性的思维，做到合理的规划和布局。针对现如今所出现的问题要及时处理和解决。

2）实现新型城镇化战略方法多样。众所周知，因为中国幅员辽阔，各地的发展差异巨大，所以我们应充分了解各地的发展情况并提出合适的策略。中国的发展明显表现出中国的东部比西部发展快、南方比北方发展快的特点。应努力发挥自身的优势，扬长避短，避免单一的方式，采用多种战略方法使得自己获得长足的发展。

3）努力发挥中心聚集效应。城镇是一片区域的发展中心，它本身具有更多的资源，也容易发展起来。应努力发挥城镇的中心效应，尽可能最大化地争取利益最大化，不仅需要在城镇数量上下功夫，也需要在规模上进行大刀阔斧的调整，形成良性循环，把城镇所具有的潜力尽可能地发掘出来。

4）辐射能力强。利用自身所具有的天然优势带动周围相对比较落后的地区共同发展。实现这个任务的关键的问题是我们制定什么样的策略和具体如何实施，千万不能搞成孤岛式的城镇。

5）不同城镇发展特色鲜明。每个城镇都有自己的天然优势或者劣势，我们需要根据它们的特点发展，例如矿产资源、旅游资源等。

6）以人为本。城镇的发展靠的是我们人的智慧和汗水，我们的思维、方法等都会影响到城镇的发展，发展城镇的最终目标就是为保证人民生活质量提供一个更好的空间。所有的一切行为都应以围绕人这个主体来开展和完成，最终形成良好的人本氛围和产生良好的为人服务的功效。

7）城镇紧密联系、互助合作。城市和小城镇的发展要作为一个整体统筹规划，全局布设，它们之间的发展都离不开彼此的帮助。在解决这个问题时，要有全局的眼光，不能用孤立的眼光看待问题。城市的发展会带动小城镇跟着一起发展，小城镇所具有的土地资源等会成为城镇发展的坚强后盾和支持。

2.1.3　新型城镇化的基本特征

新型城镇化以人为本，注重内涵发展、质量提升，追求经济和社会效益统一，依靠科技进步和产业结构优化升级，实现城镇化集约、绿色、低碳、智慧发展，走的是资源集约、环境友好、功能完善、社会和谐、城乡一体、大中小城市和小城镇协调发展，工业化、信息化、城镇化和农业现代化四化同步推进的发展道路。其基本特征可以概括为以下几方面。

（1）发展理念的科学性

从发展理念看，新型城镇化是科学发展观指导下的以人为本的城镇化发展模式。在传统城镇化发展中，以经济增长为中心，重物轻人，粗放式发展，导致土地城镇化与人口城镇化相分离，经济与社会发展不协调，城乡差距拉大，城镇发展与资源环境承载力不协调，城镇化发展不可持续。新型城镇化坚持人本理念，以民生为本，改善城乡居民生活；坚持系统发展理念，用系统的方法来推进城镇化进程；坚持包容性发展理念，努力破除城乡二元结构和城市内新二元结构，促进社会公平正义，让城乡居民共享改革发展成果；坚持统筹发展的理念，同步推进新型城镇化和新农村建设，促进区域和城乡协调发展；坚持可持续发展理念，处理好经济社会发展与人口集聚、资源利用与环境承载力之间的关系，处理好保护自然环境和保持文化特色的关系，促进人与自然的和谐，实现城镇化全面协调可持续发展。其发展理念具有科学性，既遵循城镇化发展一般规律，又符合中国国情，是指导城镇化健康发展的科学发展观。

（2）发展目标的人本性

与侧重规模扩张、数量增长的传统城镇化发展模式不同，新型城镇化发展模式以科学发展观为指导，坚持以人为本，在城镇化过程中坚持发展目标的人本性，始终把“人”而不是“物”作为城镇化发展的出发点和落脚点，从根本上保护城乡人民利益，既不能牺牲农业和农村，也不能牺牲生态和环境。不是把城镇化本身作为目的，片面追求城市的规模，无节制地扩旧城、造新城，而是更加关注人的城镇化，关注农民工市民化问题，关注城乡居民生活品质的实质性提升，努力让城乡居民共享现代化成果。新型城镇化以促进人的全面发展和满足城乡居民对美好生活的期盼为终极目的，城镇化只是为人民根本利益服务，满足人民群众日益增长的物质文化生活需要的手段，不应为了城镇化而城镇化。发展目标的人本性是历史唯物主义在城镇化实践中的具体体现。

（3）发展过程的协调性

新型城镇化发展中，尊重经济社会发展的客观规律，通过统筹城乡发展，统筹区域发展，统筹经济社会发展，构建大中小城市和小城镇协调发展的城镇体系，促进城镇化健康发展，体现了发展过程的协调性。

1）统筹推进，城乡一体。新型城镇化的发展方向是城乡一体化，城镇化不是消灭农村，而是城乡融合共生，实现一体化发展。城乡一体化的关键是实现城乡公共服务均等化，让农民成为一种职业而不是一种身份。要从城乡分割的现实情况出发，强调城乡统筹，工业反哺农业、城市支持乡村，以工促农、以城带乡，同步推进城镇化和社会主义新农村建设，促进农民增收、农业增效、农村繁荣，形成以工促农、以城带乡、城乡互促、协调发展、城乡一体的新型工农关系和城乡关系。

2）成果共享，社会和谐。传统城镇化偏重城市发展忽视农村发展，加大了城乡差距，偏重经济建设忽视社会建设，导致了城乡分化、贫富分化，产生诸多的社会矛盾。新型城镇化更加注重包容性发展，坚持以人为本，按照“一切为了人，为了一切的人，为了人的一切”的要求，通过有序推进农民工市民化和城乡统筹，逐步建立惠及全民的基本公共服务体系，通过包容性发展，营造保障机会平等和权利平等的社会环境，为城乡居民提供均等的发展机会和公共服务，使全体人民共享城镇化发展成果，实现社会和谐与公平正义。

3）布局优化，发展协调。传统城镇化发展中，区域发展不平衡，城镇布局不尽合理，资源要素过度集中于大城市，特别是特大城市，中小城市人口和产业集聚能力较弱，小城镇基础设施不完善，大中小城市和小城镇功能互补性有待提高。新型城镇化发展中，要以主体功能区规划为指导，科学进行城镇布局，促进经济发展、城镇布局、人口分布与资源环境承载能力相协调；优化城镇化空间布局，以城市群为推进城镇的主体形态。

（4）发展方式的集约性和生态化

新型城镇化是立足于我国人多地少、资源环境约束趋紧的基本国情的现实选择。要突破传统城镇化工业化与城镇化发展过程中“先发展、后治理”的老路，将生态文明理念融入城镇化发展的全过程和各个方面，按照资源节约和环境友好的要求，走集约、低碳、绿色的城镇化新路，大力发展循环经济，建设生态城市，保护和改善生态环境，实现人与自然和谐共生。

1)资源节约,集约高效。资源节约的重点是要“集约”“节约”利用资源。要将高投入、高消耗、高污染、高排放、低效益的粗放型发展模式，转变为低投入、低消耗、低污染、低排放、高效益的集约型发展模式，将粗放发展转变为集约发展。要从原来简单的城镇数量增加、城镇土地扩张和人口规模增大的外延式扩张，转变为城镇功能完善、质量提升的内涵式发展。要合理开发和节约使用各类资源，提高资源利用效率，促进资源节约型城镇建设，走集约的城镇化道路，实现城镇化进程中人与自然的和谐。

2）环境友好，生态文明。环境友好的重点是“低碳”和“绿色”，两者都是处理好人与自然和谐共生关系的重要途径。“低碳”侧重于生产、生活方式上要节能，既节约资源，又减少碳的排放。“绿色”侧重于环保，强调环境优美和减少污染。要大力提倡如绿色交通、绿色环保建筑、清洁生产；要保护生态环境，建设水清、天蓝、地绿、城净，环境优美宜人、生活方便舒适的宜居城镇，让“居民看得见山、望得见水”；要加大清洁能源开发和利用，切实提高能源利用效率，降低能源消耗和二氧化碳排放强度，走低碳、绿色的城镇化发展道路。

（5）发展手段的智能化

新型城镇化要建设智能化城镇。城市不是钢筋水泥的简单堆砌，而是通过人类智慧赋予其生命活力的社会有机系统。当前城市中的交通拥堵、就业难、看病难、上学难、居住难等种种“难题”，固然有硬件不足的原因，但一定程度上还是由于“软件”品质不高，规划布局和建设管理不够科学，而智能化城镇建设可以促使城市“少得病”“不得病”“快治病”。

智能化城镇建设，科技是基础。要把信息化作为提升城市产业结构和优化城市功能的最重要手段，实现数据平台的深层次整合和多领域社会应用。要通过广泛应用互联网、云计算、物联网等新技术，实现智慧交通、智慧购物、智慧安防、智慧就医等，不断提高城市智能水平，建设“智慧城市”。智能化城镇建设一方面有利于调整优化城镇产业布局，缓解工业过分集中于大城市的现象，以促进中小城市和小城镇的发展。另一方面有利于提升城市建设、管理和服务的整体水平，有效防治“城市病”，方便居民生活和工作，提高生活品质，真正使企业乐业、居民乐活。

（6）发展路径的系统性

城镇化发展是一个复杂的社会变迁过程，在人口集聚和面积扩张的同时，更重要的是实现生产方式、生活方式、产业支撑、就业方式、人居环境、社会保障等方面由“乡”到“城”的转变。城镇化不是物质的无机堆砌，而是社会有机体良性调节的过程。新型城镇化也不是简单的农民变市民，平房变楼房，而是一个以人为核心的，包括基础设施建设、产业布局、经济发展、社会建设、生产方式、生活方式演变的系统工程，需要规划、户籍、土地、财税、社保、环保等多个部门互相配合、通盘考虑、整体设计、统一谋划、同步推进。只有在做好顶层设计的基础上，各方面的改革和各部门工作系统、协调推进，才能打破传统城镇化发展中形成的路径依赖和利益格局，切实提升以人为核心的城镇化质量，让城乡居民共享改革发展和现代化建设成果。

2.2 中国城镇化的发展历程

2.2.1 城镇化经历的三大阶段

中华人民共和国成立以来，中国城镇化因当时各种条件的影响使得该过程也不是一帆风顺的，由最开始的缓慢发展到最后的迅速发展完成了一次中国面貌的历史性革新[27]。

（1）中国城镇化的低潮期

这个时间段主要是20世纪50年代到80年代，我国一切慢慢步入正轨，进入了恢复期，然后制定了一系列的战略决策进入了高速发展时期。不论是在工业还是第三产业，开始慢慢经过产业调整走上正轨，在这个过程中，一些新型的工业型城市得到了长足的发展[28]。但是中国也逐渐出现了一个不容忽视的问题，那就是公共设施服务难以满足人口快速增长这个问题，暴露出了种种矛盾，中国经济增长的速度受到了一定的限制，再加上自然灾害的影响，也对城镇化的发展速度产生了一定的阻碍。

从 1958 年到 1961 年新增城市 33 个，城镇人口比重由 1957 年的 15.39% 猛增为 1960 年的 19.75%，3 年中上升了 3.46 个百分点，平均每年增长 1.45 个百分点。每年增加 1041 万人，其中 1959 年比 1958 年增长了 1650 万人，增长率高达 9.53%，这就出现了城镇人口增长与农业生产和工业生产严重不相适应的状况，1961 年 5 月 31 日，刘少奇在中央工作会议上发表《当前经济困难的原因及其克服办法》的讲到“就是工业、交通、文教都办多了。非农业人后搞多了，农民养不起这么多人”。自此 1961 年开始进入调整时期。1961—1963 年在全国精简城镇职工 1800 万人，减少城镇人口 2600 万人，城镇化率由 1960 年的 19.75% 下降为 1963 年的 16.84%，平均每年递减 0.97%。这个实例说明城镇化是有客观规律的。

1964—1978 年这期间主要处于“文革”时期。这一时期的一些政策使城市化减缓，甚至处于停滞状态。全国城镇人口比重由 1963 年的 16.84% 上升为 1978 年的 17.92%，平均每年仅增长 0.07%，增长速度非常低。在这一时期，城市只增加了 25 个。

（2）城镇化的快速发展时期

这个时间段主要是 20 世纪 80 年代到 21 世纪初。中国进入了改革开放的新时期，在国家正确的政策领导下和鼓励下，一切都进入了快速发展的时期，这也间接地推动了城镇化的速度。

1）随着农村改革的深化，农业生产有了长足的进步，为城镇化提供了更充分的前提条件。

2）随着城市改革的深化，对外开放的扩大，城市第二、第三产业迅速发展，为城镇化提供了更强大的物质基础。

3）乡镇工业迅速发展。1996 年其产值已占农村社会总产值的 2/3，从而为城镇化发展提供了新的强大动力。

4）对于城镇规律的认识趋向深化，推动了城镇化政策的调整。这是指由 1978 年全国第三次城市工作会议制定的“控制大城市规模，多搞小城市”，1986 年“七五”计划规定的“控制大城市规模，合理发展中等城市，积极发展小城市”，到 1996 年《九五计划和 2010 年远景目标纲要》规定的“逐步形成大中小城市和城镇规划适度、布局和结构合理的城镇体系”。

这些都加快了城镇化的进程。全国城市由 1979 年的 193 个发展为 1997 年的 668 个，增加了 475 个，建制镇由 1978 年的 2859 个发展为 1996 年的 17998 个，城镇人口由 1978 年的 17245 万人发展为 1997 年的 36989 万人，城镇化率由 1978 年的 17.9% 上升为 1997 年的 29.9%，一举进入城镇化快速发展时期。

（3）城镇化的科学发展时期

我国城镇化建设从 21 世纪开始进入了科学发展阶段。国家提出了一系列的方针战略，也指出了一系列的问题，中国逐步进入了科学发展的时期。中国的发展有了一个科学健康的发展模式。市场体系也逐渐完善，中国的城镇慢慢地有了一定的规模。

同时，对城镇化规律及其重要性有了更深刻的认识。1990 年 4 月实施的《城市规划法》仍然规定“严格控制大城市规模，合理发展中等城市和小城市”，即坚持以小城镇为主的城镇化战略。但随着对外开发的扩大，特别是东南沿海地区和浦东的开放开发，这一规划事实上松动了，许多大城市获得了迅速发展。2000 年制定的《国民经济和社会发展第十个五年计划纲要》虽然仍坚持小城镇为主的城镇化发展战略思想，但是又增加了新的内容，强调以实现城乡一体化目标为纽带，将大中小城市联结起来，以实现大中小城市的合理和协调发展。2002 年党的十六大报告明确提出要“全面繁荣农村经济，加快城镇化进程”，要逐步提高城镇化水平，“坚持大中小城市和小城镇协调发展，走中国特色的城镇化道路”。城镇化方针的这些重大调整，都加快了城镇化的进程。

伴随着经济的快速增长，我国城镇化进程也快速推进，取得了显著的成就：城镇人口占全国人口的比重从改革开放初期的 18%，增长到 2007 年达到 44.94%。截至 2011 年末，我国城镇人口率首次突破 50%，达到 51.27%。到 2012 年党的十八大提出“推动信息化和工业化深度融合、工业化和城镇化良性互动、城镇化和农业现代化互相协调”来保证“新四化”的同步发展。

2.2.2　中国城镇化的发展模式

我国人口众多，地区差异大，各地区结合自身地理条件、资源禀赋和环境基础等因素，因地制宜，选择适合地区城镇化发展的目标、布局和路径，探索各具特色的新型城镇化发展模式。下面仅就成都、天津、云南、苏锡常地区新型城镇化实践探索进行简要分析，以期为我国新型城镇化发展模式总体框架提供现实依据。

（1）成都市城乡统筹发展模式

从 2003 年开始，成都市立足于大城市带大农村的区域实际，启动了全面深入的统筹城乡“自费改革”，破解长期以来形成的城乡二元体制矛盾和“三农”问题顽疾，率先探索城乡统筹发展的道路。

1）规划在先，统筹引导城乡一体化发展。成都市在推进城乡一体化过程中，全面落实科学发展观，以“全域成都”为基本理念，以促进城乡空间合理布局、功能优势互补、要素自由流通、社会统筹发展、生态环境保护为基本目标，制定科学有效的规划体系[29]。首先，加强城乡“规划一体化”；其次，制定阶段性发展规划；再次，高度重视各项规划之间的协调与衔接；最后，维护规划的严肃性和权威性。

2）深化改革，构建符合发展要求的体制机制。成都市全面推进政府部门管理体制改革，分别针对规划、交通、农业、园林、环保等 30 多个部门进行行政管理体制改革，初步建立了城乡一体化高效运转的管理体制[30]；成都市委、市政府始终将加快社会事业发展作为城乡一体化发展繁荣的基本着力点，用“看得见的手”供给与调控公共产品，卓有成效地进行了户籍、就业、社保、教育、卫生等一系列体制改革；还采取了政府指导、市场运作和社会参与相结合的方式，构建多元化融资机制，如设立政府专项建设资金、构建融资平台、充分利用信贷资金等。

3）推行产权制度改革，盘活农村集体资产。2008年初，成都市出台了《关于加强耕地保护进一步改革完善农村土地和房屋产权制度的意见（试行）》的文件，率先在全国开展农村产权制度改革试点工作。主要包括以下三方面的措施。

一是创新土地流转机制。成都市以农村土地股份化改革为突破点，积极探索符合各地实际的土地流转新模式。二是搭建产权流转平台。成都市各级政府建立土地流转交易所、农村产权交易所等产权流转平台，并在各区县设立分所，镇村设立信息点，组织专家规范土地流转合同并建立专家咨询机制。三是完善信用担保机制。农民可以使用自己的土地承包经营权、林权、宅基地、农村房屋、新居工程等的权属证明或实物进行质押或抵押，向银行融资。

成都城乡一体化采取了非常多的策略措施，以上只是一部分，而且现在还在持续探索当中，是一项系统的、复杂的工程。成都的做法是我国城乡发展改革的一个缩影，在全国普遍具有城乡改革要求的背景下，成都的一些经验可以为其他城市借鉴。

（2）天津以人为本新型城镇化模式

天津解决“三农”做好了“加减法”，即减少农民、富裕农民、增加对农村的公共服务。让农民住进小城镇，享受城市化带来的实惠，实现从传统到现代、从分散到集中、从农村到城镇的转变，实现了人的城镇化，在城镇化过程中坚持发展目标的人本性，始终把“人”而不是“物”作为城镇化发展的出发点和落脚点，更加关注人的城镇化，关注农民工市民化问题，关注城乡居民生活品质的实质性提升，努力让城乡居民共享现代化成果。

天津以宅基地换住房是其进行的一个崭新的探索，天津华明镇是天津“宅基地换房”项目的首批试点镇。该项目 2005 年开始规划，历时 2 年，

2007年启动村民搬迁，目前1万余户约合3.5万人入住了华明示范镇，享受到了城市化建设带来的实惠[31]。天津"宅基地换房"做法不是单纯地拆房，而是一个城镇化建设的系统工程，它包括农民搬迁后土地复耕、解决就业、社会保险和社区管理等多项配套政策。

通过天津"宅基地换房"的做法分析不难发现：小城镇集中规划、拆房还地、宅基地整合复耕是一种好的尝试，在城镇化发展的推进上，"宅基地换房"提供了很好的解决方案。首先，可以解决大中城市城郊地区农村建设散、乱、脏的难题，解决城郊地区规划和治安混乱的问题。其次，"宅基地换房"采取政府主导、市场运作，可以解决城镇建设面临的融资难题。最后，可以整合城市周边土地，既可保护耕地，又可提高城市土地利用率，加快城镇化进程。

（3）云南特色城镇化发展模式

改革开放30多年来，云南依托国家发展战略，克服自然和社会因素的限制，采用灵活的城镇化政策，因地制宜、突出特色，逐步探索出中心城市带动型、旅游产业带动型、资源开发带动型、大企业带动型的城镇化发展模式，走出了一条具有云南特色的新型城镇化道路[32]。

1）昆明中心城市带动型。昆明作为滇中地区的增长极，对周围腹地经济、社会发展的拉动效应日趋显著。昆明对周边县域的涓滴效应呈同心圆状扩散，由内到外三大板块。2010年，昆明市通过政府引导、市场调控、技能培训、多向转移、自主创业等手段，实现农村劳动力新增转移就业25.09万人，加速了人口向城镇化的有序转移。昆明市还发挥区域主导优势，以交通为纽带、以产业结构升级为契机，积极与周围次中心城市搭建基础设施平台，进行产业协作、发挥功能优势，形成一个相互依存、密切联系、共同发展的城市群，给区域开辟了一个更为广阔的发展空间，形成了一个强大竞争力的经济板块和城市集群板块。2009 年，云南省实施“两强一堡”战略，云南要充分发挥其作为我国通向东南亚、南亚重要陆上交通，深化同东南亚、南亚和大湄公河次区域的交流合作，而昆明必然是这个桥头堡的中心。

2）旅游产业带动型。作为旅游大省，云南省深度挖掘旅游产业与城镇化之间的互动关系，走出了一条具有云南特色的城镇化道路。丽江市政府依托束河镇现有的风景名胜和历史文化资源，采取“一个资源、一个企业、一个特色旅游城镇”的基本模式，通过政府引导和市场化运作，短短几年间就实现旅游业和城镇化同步推进，创造了备受赞誉的“束河模式”，成为我国旅游特色城镇的典范，每年接待国内外游客超过 170 多万人次，农民人均收入显著提高。束河旅游带动型小城镇发展模式是建立在平等互利的基础上，妥善解决了政府、村民、企业、投资者之间的经济关系，利用政府牵线与市场投入的方式，成功挖掘并迅速推进旅游经济，实现以旅游来带动小城镇建设的构想。

3）资源开发带动型。云南矿产资源丰富，素有“有色金属王国”。随着优势矿产被不断发现，以矿产资源为对象的采掘业及相关配套产业得到迅速发展，当产业发展到一定规模后形成了以矿产资源开发为重要特征的城镇，这类城市的发展有力推动了云南城镇化及工业化的进程。东川区和个旧市城镇化是云南资源型成真的典型，以兰坪为代表的一些新兴资源型城镇正在探索一条依靠资源开发走出资源依赖的可持续发展道路。

4）产业园区带动型。实践证明，工业化是推动城镇化进程的根本动力，城镇化是工业化的重要载体，两者互促共进。城镇化与工业企业的发展是互促共进的，工业企业的发展也迫切需要城镇化的支持与响应。作为产业集聚的重要载体，产业园区的发展有利于迅速扩大城市的地域范围，拓展城市发展空间，是当前推进城镇化的有效途径。工业产业园区不是单一的产业集聚区，而是聚集了生产、生活、服务为一体的微型城市体，使产业发展功能与城市发展功能紧密结合。根据地区生产总值统一核算结果，2020 年 1–4 季度云南嵩明县三次产业结构比为：15.0：28.5：56.5，呈三、二、一的产业结构模式，工业化对县域经济贡献率显著提升，被定位为昆明市辅城的嵩明，正由昔日的农业县向现代都市转身。云南嵩明杨林工业园的蓬勃发展激活了嵩明县域经济，支持基础建设投入推动了嵩明县城镇化进程，在工业化的驱动下，2019 年，全县建成区面积达 9.1 平方公里，绿化覆盖面积达 379.72 公顷，城镇化率由 2006 年的 20% 提高到 2017 年的 45.5%，城市发展空间不断拓展。

（4）苏锡常地区绿色低碳发展模式

长三角的经济核心区苏锡常城市连绵区是经济最发达的地区，城市繁荣，GDP 产值高，但是发展过快在一定程度上是以损害本地区的生态持续能力为代价的。因此城镇人口用地规模不宜过大，中心城镇发展应尽力保护当地水质、保护耕地，注重每个城镇的环境容量和承载力水平[33]。

1）水资源约束下的苏锡常新型工业化之路。苏州、无锡新型工业化在第二、第三产业采用“内循环”减量化模式，从改造工业生产流程上，根据生态效益的原理，降低能耗 / 减少资源消耗，尽量做到清洁生产、绿色生产；以地理空间、行业配置的社会效益与生态效益最优原则，建立良好的再生资源输入和输出关系，增加新产品；在工业废品、废水处理上，利用循环经济新的视角，尽可能实现无害化与资源化；发挥政府调控与市场经济的法规原则，创建严格的奖励制度，鼓励公众参与，企业自责，健全法规，建立有效的举报与预防措施。城市化发展一定要适度，特别在工业化、城市化过程中注意城乡水资源的合理运用与保护，这也是适合中国国情的一种新模式。

2）用地集约化为苏锡常城市发展的长远模式。苏州开发区、工业区主要集中在苏州老城区的东、西两大片，然而，苏州占用耕地作为建设用地过多过大、集约化程度不高，引起用地出产率较低的现象，与国内外大城市的土地产出率相比较还有较大差距。苏锡常地区用地指标比其他地区高一些，节约和集约用地方面还有很大的潜力，以人均 60~100m^2 作为此地区的城镇综合用地的适宜空间，发展建立土地集约利用模式的用地方式。

2.2.3　世界城市化发展的基本趋势及典型模式

（1）世界城市化发展的基本趋势

城市发展具有一定的规律性。综观世界各地城市化发展，它不仅仅是人口的简单聚集，而且是整个社会基本形态由农业型社会向更高一级城市型社会的转型，是经济增长和社会发展的晴雨表。它的发展水平往往是与工业化和经济发展相适应的，其进程一般沿着起步—快速发展—高位趋缓的轨迹来发展。

1）城市化进程加速，发展中国家城市化速度尤其引人注目。按照联合国经理事会的估计，2008 年是人类历史上第一次城市化水平超过 50%，当然发达国家在 1950 年的时候，其城市化水平就达到了 53%，而欠发达国家将要到 2019 年，城市化水平才可能发到 50%。未来世界城市化将继续保持较快发展速度，据估计到 2050 年，世界人口将从 2007 年的 47.4% 上升到 2050 年的 70%。2007 年—2025 年世界的城市化水平将以年均 0.82 个百分点的速度增加。根据联合国的预测，从 1950 年到 2030 年，发达国家的城市人口将由 4.46 亿增加到 10.15 亿，而发展中国家的城市人口将由 3.04 亿增加到 40.2 亿，二者分别增加 2.28 倍和 13.49 倍，发展中国家城市人口增加速度较快，远远的超过了发达国家的城市化速度，其中亚洲国家和非洲国家是未来城市化速度最快的两个地区。

2）大城市和城市群的地位将更加突出。大都市带或城市群成为全球经济竞争的重要空间单元，当今世界一些最为发达国家的大城市地区已经成为世界经济、贸易、金融中心，例如美国的纽约—波士顿—华盛顿城市带，人口约占美国 25%[34]，不仅是美国最大的商业贸易中心，还是世界最大的国际金融中心，加拿大、美国西海岸的城市带也成为很重要的经济中心区，城市发展呈现区域内城市优势互补、联动发展的态势。形成更大范围、更高层次的都市圈甚至跨国的城市圈。

3）城市进一步向低碳生态型发展。城市未来将以低碳模式为发展方向。建设低碳城市，减少城市的二氧化碳排放量，保护城市环境，是当今世界各国的城市发展方向，正在成为城市化发展过程中的新亮点，影响城市在全球范围的竞争。

4）城市治理的法制化和透明化。城市治理法制化和透明化即“依法治市”。按照联合国人居署的研究，城市政府管理的透明化意味着信息的共享和以开放的方式采取行动，是建立良好的城市治理结构的核心，有助于减少城市穷困，提高市民的参与度，是促进城市良性发展的重要途径。

（2）世界城市化发展的典型模式

城市化的模式与世界各国经济政治体制、经济发展及人口、土地资源等条件密切相关。按照政府与市场机制在城市化进程中的作用、城市化进程与工业化和经济发展的相互关系，可以概略地将世界城市化发展概括为两种模式。

1）以西欧为代表的政府调控下的市场主导型城市化。以西欧为代表的发达的市场经济国家，市场机制在这些国家的城市进程中发挥了主导作用，政府则通过法律、行政和经济手段，引导城市化健康发展。城市化与市场化、工业化总体上是一个比较协调互动的关系，是一种同步型城市化，其特点是：工业化与城市化互相促进。城市化总体上来说是近代工业化的产物。

2）以美国为代表的自由放任式城市化。美国是当今世界最发达的资本主义国家，也是市场经济的典型代表，在其城市化和城市发展的过程中，市场发挥着至关重要的作用。其突出的表现是郊区化，但是美国的过度郊区化付出了沉重代价，20 世纪 90 年代以来美国的学者提出了“精明增长”的理念，其主要内容包括强调了土地利用的紧凑模式。鼓励公共交通和步行交通为主的开发模式，这是以可持续发展为价值取向、以科学管理为手段、有可操作性的管理理念和管理模式。

此外，由于各国人口、土地资源以及发展历程不同，人口城市化和土地城市化的发展方式也有较大区别，就发达国家而言，基本可以分为集约模式、分散模式和大多数介于两者之间的中间模式。

2.2.4 国外城镇化的成功经验及启示

我国正处于新型城镇化发展的重要时期，研究、汲取和借鉴先行国家的经验和教训，对于促进我国的城镇化健康、有序发展具有重要意义。

（1）制定并实施完善的公共干预政策

西方国家政府对城市化的引导和规划首先着眼于城市的卫生和环境保护，英国是最早把城市规划作为政府管理职能的国家，城市规划的卓著成效引起世界各国的广泛关注；日本政府在工业化和城市化发展中发挥积极的干预作用，根据人多地少和资源匮乏的国情，以较小的社会和环境代价获得了较快的经济发展。

（2）形成合理城镇体系

城市带的形成和大量卫星城的兴起，不仅有效地解决了传统上靠无限扩张中心城市管辖范围来实现城市规模扩张所带来的缺陷，抑制了大城市规模过于膨胀的问题，而且有利于大中小城市在空间和产业布局上相互依存和配套，形成功能互补的城镇体系。大城市化和城市群的地位将会更加突出，中心城市占重要地位，小城镇兼具交通便捷和接近大自然的双重优势。不少国家的大城市非常重视卫星城的建设，并将其作为缓解人口压力和经济、社会、环境问题的重要手段，加以统筹考虑。

（3）主导产业是城市发展的基础

绝大部分城市都必须要有自己的主题，自己的主导产业，不少城市立足于自己的资源特色、环境条件，确定城市的产业发展战略定位，使城市迅速形成自己的核心竞争力。产业发展（产业结构的转换和演进）是城镇化的重要基础。城镇化的实质是由于生产力变革所引起的人口和其他经济要素从农业部门向非农业部门转移的过程，转移的根本标志是农业比重的下降和非农业比重的上升，即产业结构的变迁。

2.3　土地利用理论综述

2.3.1　土地利用的基本概念

土地利用管理概念可基本归结为基于土地的自然属性条件、地域特点，结合国家经济、发展需求、全局利益，从而对土地资源进行统一配置、利用、整治保护等一切措施的总称。应该站在全局的角度进行土地利用的计划的编写，采用先整体后局部的思路一步步细化目标，争取最大限度地发挥土地的效益和合理利用土地[35]。

因为人们自身的原因和自然条件的限制导致我们往往不能做到对土地的物尽其用。因此我们就继续探索出一套科学完整的理论支持我们进行土地利用的规划调整。适度控制及有效平衡土地资源供应与社会经济发展中土地需求之间的矛盾是人们在土地利用管理中应遵循的基本指导思想，始终把科学分配土地资源，提高土地使用效率，保障土地供应，最终实现土地可持续利用作为宗旨贯穿其中[36]。

2.3.2 土地利用的基础理论

我们所探讨的一切问题都是基于土地这个载体，它是我们赖以生存的稀缺资源，它可以说与我们的生活息息相关，密不可分。如果对土地利用不当，会出现严重的后果，我们国家也有对土地利用的相关政策进行保护。因此，我们需要遵循与土地利用相关的一些基本理论和原理，主要有：土地伦理利用理论、可持续发展理论、土地利用原理、管理学原理[37]、系统论和控制论理论等。

（1）土地伦理利用理论

关于如何对土地进行科学的利用，我们国家也做出了很多的努力。通过一系列的政策和经济措施进行合理引导，不可忽视的是采用伦理道德手段可以让我们更好地解决与土地利用相关的问题。我们应该培养在利用土地过程中，应体现出新的价值观和道德观念。

（2）可持续发展理论

自从可持续发展理念被提出以后，它被用在很多方面，当然在土地利用这块也是得到了充分的体现。土地可以满足我们人类生存的基本条件，我们也要给我们的后代——子子孙孙留下一些可供他们赖以生存的土地资源。如果我们过度使用，而不加节制，无异于自断后路，自取灭亡。所以，对于土地利用，也需要做到可持续发展。可持续发展可以概括为：既要考虑当前的发展也要顾及以后的发展；既要有全局思维也要有重点思维来进行土地的利用规划；综合考虑各方面的因素，都要顾及其中的利害关系，做到全面发展。

（3）系统管理理论

系统指在一定的关系中与环境有联系的各个组成要素所构成的一个整体集合。换句话说，也就是一个系统至少包括两个或者两个以上的要素，并且这些要素既要有区别又要有一定的联系，这些要素组合在一起可以完成某项任务，具有确定的功能。

2.3.3　城镇土地利用的结构

城镇土地利用结构是城镇土地面积中各种用地之间的比例关系或组成。按土地利用价值分，主要分为乡村生产建设用地和非生产建设用地分别占土地总面积的比例。生产用地包括直接用于生产建设的农业、工矿用地等和间接用于生产建设的城乡居民点、交通用地等；非生产建设用地除耕地、园地、林地以外的用地等，还包括沼泽地、沙漠、水面等不能利用或暂时不能利用的土地。乡村土地利用结构反映了乡村地区土地资源的可利用和已利用的程度以及未来可开发利用潜力。传统意义的乡村，土地利用结构一般以农、林、牧、副、渔等生产部门用地分别占土地总面积的比例及其组合为主，主要反映了农业生产的结构特征，只有少量村镇企业用地和农村居民点用地。城镇化地区在经济利益的强烈推动下，乡村农用地非农化蔓延，原有的村镇企业用地和农村居民点用地范围不断扩大，农业用地逐渐向工业用地、商业服务业设施用地、城镇基础设施用地、物流仓储用地、居民点用地等类型转变。同时，乡村地区承载着城市生态保护的功能，农业用地类型丰富多样，包括各类耕地、林地、园地等多种地类。因此，乡村地区出现了多种建设用地和多种农业用地类型混杂并存的土地利用结构。

2.4 中国城镇化与土地利用现状分析

城镇化及城镇用地的扩张是人类对土地利用的重要方式，因为城市的扩张主要引起林地、草地、耕地、湖泊等土地利用类型的转变。城市的扩张通常都是由人口扩张对建设用地的需求增加导致的，在人口密度较大的中国，城市化过程中引起的农村用地向城市用地的转变引起广泛的关注。

2.4.1 我国城镇化进程中土地利用变化与特点

土地是城镇化最重要的空间和资源载体，研究我国城镇化进程中土地利用问题，关系到全国土地资源合理利用和格局优化调整，关系到土地利用管理的完善和改革方向，对城镇化发展具有重大意义。回顾 2001—2010 年城镇化进程中土地空间承载的变化情况，可以看出以下特点。

（1）优质耕地流失较为严重，耕地结构发生较大改变

10 年间耕地净减少 1 亿亩。2001—2012 年间，我国耕地共减少 1.59 亿亩。其中，建设占用耕地 0.34 亿亩，生态退耕、灾毁、农业结构调整等减少耕地 1.25 亿亩。同期，通过土地开发、整理共补充耕地 0.60 亿亩，实现建设用地占补平衡，耕地格局发生较大变化。耕地占用和补充的区域差异导致我国耕地格局发生重大变化，东部地区和中部地区的耕地比例不断下降，东北地区的耕地比例不断上升；耕地质量有所下降，从 10 年间建设占用耕地情况看，建设占用的耕地 39% 是水田，29% 是水浇地，且这些土地排灌设施齐全。熟化程度好、生产能力高，而补充耕地中，水田和水浇地的比例远低于 2/3，且配套相对不足、生产能力低[38]。

（2）建设用地规模不断扩张，结构和效率有待优化提升

1）建设用地总规模和城镇工矿用地规模持续攀高。全国建设用地总量从 2000 年的 3019 万公顷增长到 2010 年的 3568 万公顷，共增加了 549.3 公顷，年均净增长 54.93 万公顷（824 万亩），其中，全国城镇工矿用地从 597 万公顷增长到 943 万公顷，共增加 346 万公顷，增长了 1.58 倍[39]。如图 2.1，图 2.2 所示。

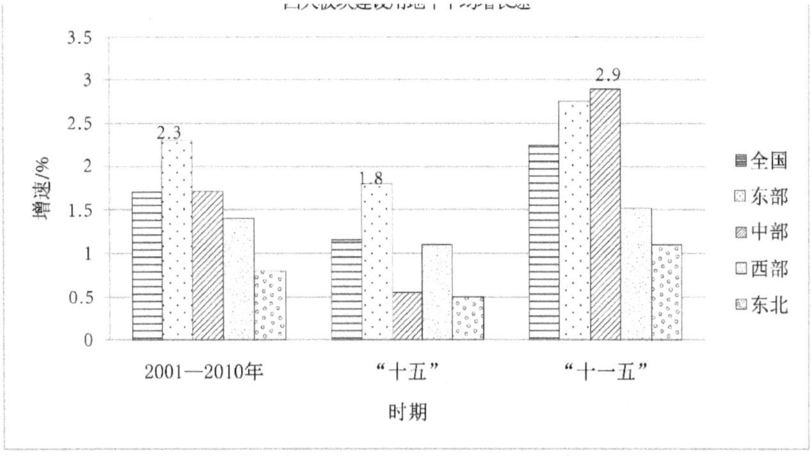

图 2.1　四大板块建设用地年平均增速图

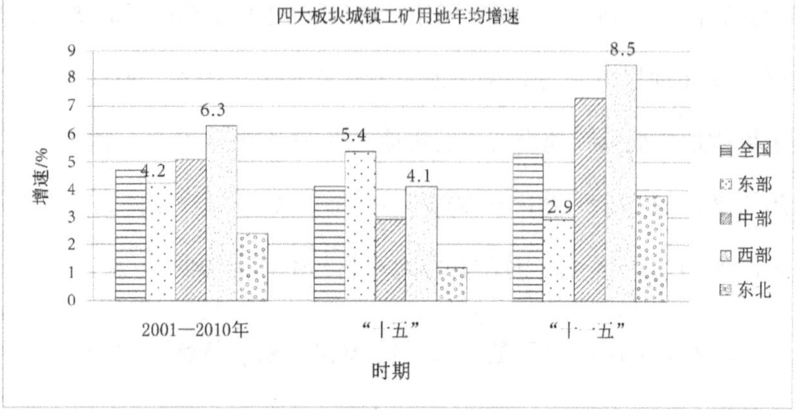

图 2.2　四大板块城镇工矿用地年平均增速图

2）建设用地利用效率偏低，中西部地区尤为突出。从城镇工矿用地年平均增速 4.68%，略高于全国城镇人口每年 3.80% 的增速。其中，东北地区城镇化工矿用地扩张速度与城镇人口增加速度基本持平，中部地区、西部地区和东北地区城镇工矿用地扩张速度均高于城镇人口增加速度，特别是西部地区和东北地区，城镇工矿用地年扩张速度分别为 6.29% 和 2.42%，而人口城镇化速度仅为 3.87% 和 1.29%。如图 2.3 所示。

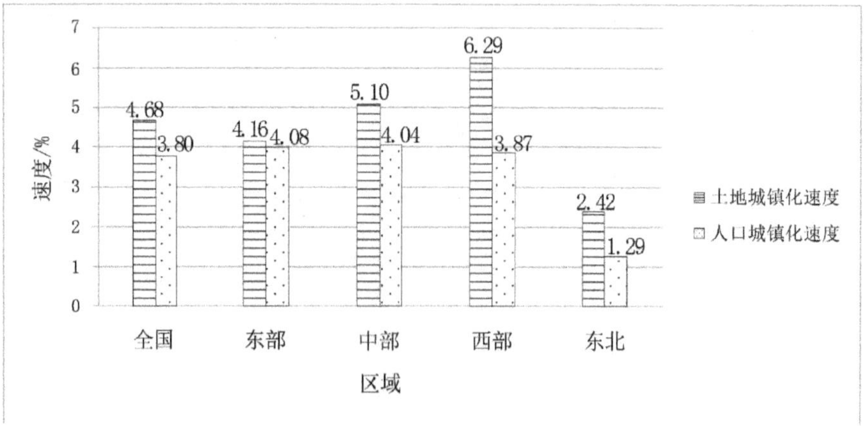

图 2.3　土地城镇化与人口城镇化对比图

3）农村居民点用地规模仍在扩大，农村“空心化”现象日趋严重。庞大的农村高峰人口基数决定了巨大的农村居民点用地规模，再加上“一户多宅”“建新不拆旧”等问题长期得不到解决，农村人口进入城镇后留下的空置宅基地又缺乏流转再利用或退出机制，“人走地不动”，各因素叠加导致农村“空心化”加剧发展。

（3）未利用土地不断减少，生态用地空间面临挑战

2001—2012 年间，全国未利用土地共减少约 300 万公顷，其中，河流水面和湖泊水面减少了 14.2 万公顷，苇地、滩涂和沼泽地减少了 58.3 万公顷，荒草地减少了 148.1 万公顷，冰川等其他未利用土地减少 89.3 万公顷。由于未利用土地具备气候调节、生物多样性保护等生态功能，该地类的不断减少，给生态文明建设带来了较大挑战。

2.4.2　城镇化发展土地资源承载现状

耕地占补平衡制度实施多年，从耕地占补情况来看，建设占用客观上造成耕地整体质量下降，耕地空间格局受到重大影响，沿海和长江中下游地区耕地减少现象最为突出，全国稻谷生产重心向东北转移，东部、南部沿海等传统鱼米之乡成为粮食净调入地区。随着城镇化的加快发展，未来一段时期，若延续现有建设占用耕地的速度，城镇周边的优质耕地将继续流失，南方水田、菜地占用比例会进一步提高，而江苏省、浙江省传统的鱼米之乡的“占补平衡”空间十分匮乏。据统计，20 个城市群中有 13 个可以作为耕地后备资源的土地不足现有耕地的 10%，长江三角洲、珠江三角洲、成渝等城市群耕地后备资源严重不足。《全国土地利用总体规划纲要（2006—2020年）》中期实施评估初步结果表明，若按年均需求1000万亩计算，全国建设用地剩余空间时间不足4年。

2.4.3 我国城镇化下土地利用管理的思考

从上述现状和特点看出，在我国城镇化进程中局部地区已存在资源消耗过多、过快的态势。未来一个时期，我国仍处于快速工业化和快速城镇化的“双快”时期，农业现代化和信息化将深入推进，形成“四化”同步发展的新局面。“双快”时期和“四化同步”对各类用地特别是建设用地提出全面需求。针对当前新形势、新挑战，结合全国及城市群的土地利用变化和资源承载能力，研究认为：

（1）城镇化战略、模式和格局安排是土地利用变化和资源承载的重要前提，必须决策慎重。首先《全国主体功能区规划》提出的优化开发区、重点开发区、限制开发区和禁止开发区在空间格局优化中正发挥积极作用。新型城镇化战略和模式安排应尽量与现有空间格局导向一致，特别鉴于我国较为明显的“行政配置资源”的特点，对城镇化发展的战略和模式导向的确定必须慎重。其次，必须深入研究城市群的资源环境承载能力，因地制宜推进城镇化发展。最后，必须客观判断我国城镇化发展阶段，适时推进城镇化的健康发展。

（2）耕地红线是城镇化发展的底线，必须始终坚守。一些国家在早期城镇化阶段都出现过耕地大量净减少的现象，最后不得不付出高昂的代价，尽管现在世界各国耕地保护的内涵、目标和方法各异，但耕地保护理念贯穿于各国土地管理政策之中。我国作为一个农业大国，更不能轻易放松实现最严格的耕地保护制度，否则付出的代价将难以估量和挽回。

（3）建设用地节约集约和结构优化是未来城镇化质量提升的着力点，大有作为。首先，粗放浪费的增量扩张模式已难以为继；其次，我国存量建设用地集约利用和结构调整潜力巨大。如江苏省苏州市实施盘活存量政策，在近年实现每年 50% 以上的供地存量目标。

（4）土地制度完善和政策创新是城镇化健康发展的动力，必须统筹推进。城镇化既是社会转型的过程，也是与之相适应的制度转型和变革过程，合理的制度安排是城镇化持续健康发展的重要保障。面对新问题，适应新要求，必须统筹推进土地管理制度改革创新力度，以土地利用和管理方式转变促进城镇化健康发展。

2.5　本章小结

本章首先介绍了新型城镇化的由来，给出其确切的定义，同时阐述了新型城镇化的基本特征。对中国城镇化所经历的曲折发展期、快速发展期和科学发展期的三个阶段进行描述，研究了世界城市化发展的基本趋势及典型模式，并对国外城镇化的成功经验提出了对我国城镇化建设的启示。接着对土地利用管理的含义进行解释，同时土地利用管理还应遵循土地伦理利用理论、可持续发展理论以及系统论和控制论理论等，并研究分析了新型城镇化与土地利用管理的关系，阐述了我国城镇化进程中土地利用变化与特点及城镇化发展土地资源承载现状，对我国城镇化下土地利用管理进行了深入思考。

第 3 章　西咸新区城镇化与土地利用现状及分析

3.1　西咸新区城镇化现状

西咸新区位于西安、咸阳两市建成区之间，规划控制范围 882km^2，现有总人口 89.3 万人，城镇化水平仅有 23%。作为陕西省城镇化建设的重要平台，西咸新区以现代田园城市为目标，按照新型工业化、信息化、城镇化和农业现代化“四化并举”的思路，探索新型城镇化道路，创新城市发展方式，着力推进城乡一体、产城一体，同时实现提高人口承载力和集约用地的两个目标，成为我省加快城镇化和承接新一轮产业转移进而推动经济转型的龙头。

3.1.1　现代田园城市体系

西咸新区规划建设用地 272 km^2，仅占规划范围的三分之一。按照“现代田园城市”大开大合的规划建设理念，构建新区“一河、两带、四轴、五组团”的城市发展格局，发展核心城区板块、小城镇、村落小镇的现代田园城市市镇体系。布局了空港新城、沣东新城、秦汉新城、沣西新城、泾河新城五大组团，每个新城开发建设面积从30到60km²不等，均有明确的产业布局和功能定位。通过两条帝陵遗址带，渭河、泾河、沣河三条生态景观廊道，以及组团间楔形绿地为分隔，形成“廊道贯穿、组团布局”的田园城市总体空间形态。在城市组团间的开敞空间发展复合型田园农业，形成特色鲜明的优美小镇。

3.1.2　复合型田园城镇

在城市的开敞田园空间规划了若干特色小镇，以田园为映衬布局休闲餐饮、艺术画廊、会议中心等现代服务设施，形成复合都市服务功能的现代农庄。西咸新区秦汉新城的张裕葡萄酒庄基本建成，不仅有葡萄种植，更有葡萄酒酿制、鉴赏，还有餐饮、休闲娱乐功能，使得田园农业成为都市产业。应用先进技术和现代经营组织方式，探索农业产业化、现代化、园区化的新路径，改造提升传统农业，推广设施农业示范工程，既要成为西安“菜篮子”，增强城市农副产品自给能力，又要探索形成结合休闲养生、观光体验等功能的新兴田园农业，把农业提升为复合型的都市产业，加快泾河新城的秦龙现代生态智能创意农业园区、森禾现代花卉科技产业园建设。

3.1.3　城乡一体化发展新机制

西咸新区正研究在农村集体建设用地有序流转制度和农村人口有序转移制度两个方面推进改革。探索农民带着劳动力和土地“两个资本”进城的模式。完善保障农民集体土地财产权和收益权的制度，试行土地权益股份化、土地承包经营权转包出租抵押等流转新模式。 争取把新区列入全国征地制度改革试点单位，创建集体农用地流转补偿机制，盘活城乡存量建设用地，逐步建立“同地、 同价、同权”的城乡统一建设用地市场。率先建立城乡统一的户籍管理、就业服务、社会保障以及教育、医疗等制度，实行居民居住证制度，使“农民”成为一种职业而非身份的称谓。

3.2 西咸新区土地利用现状及规划情况

3.2.1 土地利用结构与分布

（1）农用地现状

2010 年农用地 91.96 万亩，占土地总面积的 69.50%；建设用地 35.17 万亩，占 26.58%；其他土地 5.19 万亩，占 3.92%。从图 3.1 我们可以看出，西咸新区农用地是建设用地和其他用地总和的 2 倍之多，说明了西咸新区农业比重大，适合发展“田园都市”的格局。

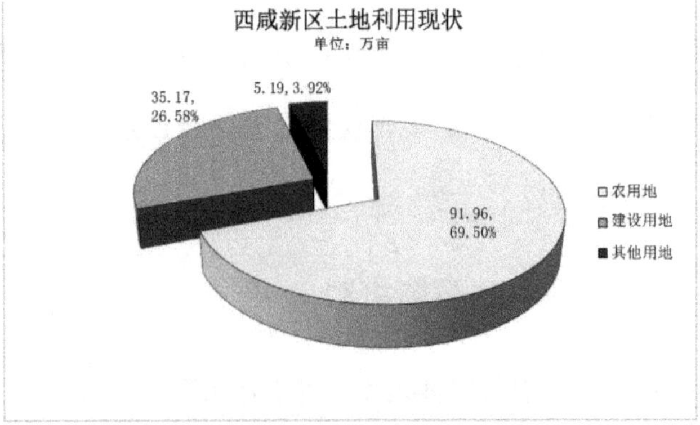

图 3.1 西咸新区土地利用现状结构图

农用地中，耕地 72.58 万亩，占农用地面积的 78.92%；园地 13.70 万亩，占 14.90%；林地 0.98 万亩，占 1.07%；牧草地 0.03 万亩，占 0.03%；其他农用地 4.68 万亩，占 5.08%。从图 3.2 可以看出，耕地比例较大，园地相对于林地和其他农业地的比例小。西咸新区园地占地比例大，是有其原因的，新区正在开发建设中，道路建设绿化需求大，且要发展都市复合农业，建立大型的创意农业园区。

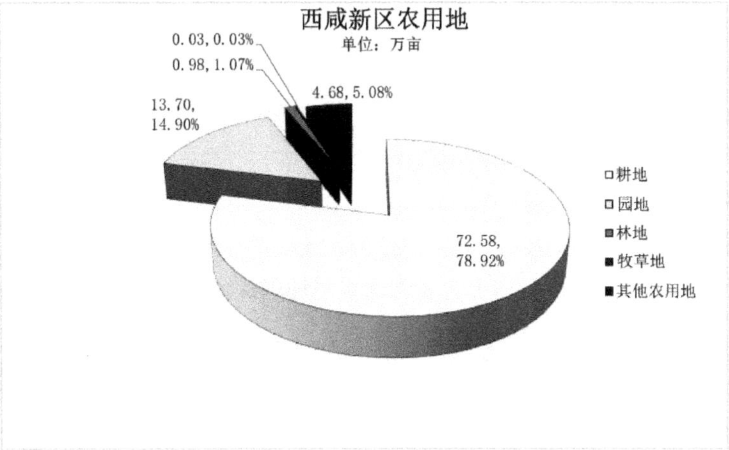

图 3.2　西咸新区农用地现状结构图

农用地主要分布在渭河以北的一、二级阶地和一、二级黄土台塬，西宝高速以南的渭河平原，泾河以北的一、二级阶地等区域。

（2）建设用地现状

建设用地中，城乡建设用地 28.47 万亩，占建设用地面积的 80.95%，其中城镇用地 10.41 万亩，农村居民点 16.06 万亩，采矿用地 1.96 万亩，其他独立建设用地 0.04 万亩；交通水利用地 5.57 万亩，占建设用地的 15.83%，其中交通运输用地 5.33 万亩，水利设施用地 0.24 万亩；其他建设用地 1.13 万亩，占建设用地面积的 3.22%。从数据可以看出，建设用地比重最大，其次是交通水利用地，流经区内的河流主要有 3 条，均为黄河水系：渭河、泾河、沣河。其中贯穿全区的河流为渭河。

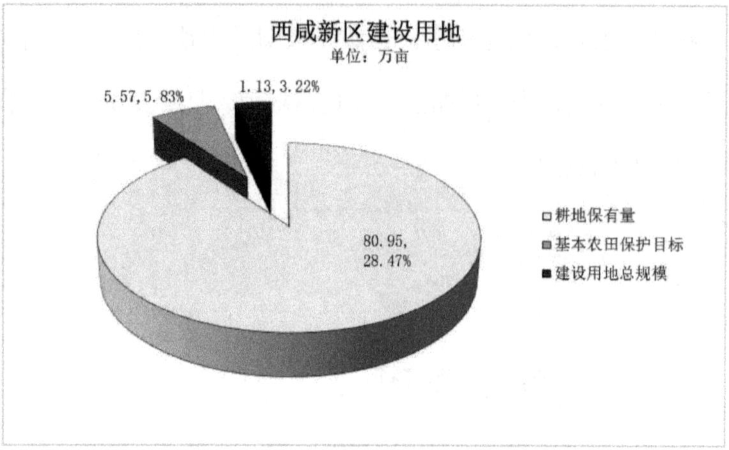

图 3.3　西咸新区建设用地现状结构图

建设用地主要分布在未央区三桥、六村堡街办、秦都区陈杨寨、钓台、沣东街办、泾阳县泾干、高庄等[40]。

（3）其他土地现状

其他土地中，水域 4.44 万亩，占其他土地面积的 85.71%；自然地 0.74 万亩，占 14.29%。

其他土地主要分布在渭河、泾河、沣河河道及沿岸。

3.2.2　土地利用规划

西安市、咸阳市积极支持西咸新区土地利用规划调整工作，西安市完成 10 个县、区的县级和 100 多个乡（镇、街办）的乡级土地利用总规划调整工作；咸阳市完成 13 个县（市、区）的县级和 160 多个乡（镇、街办）的乡级土地利用总体规划调整工作。

土地利用规划调整后，2020 年规划目标为年土地总面积 132.32 万亩，其中农用地 63.48 万亩，建设用地 64.02 万亩，其他土地 4.82 万亩，分别占土地总面积比重的 47.97%、48.39% 和 3.64%。

（1）农用地现状

农用地中，耕地 52.20 万亩，园地 8.26 万亩，林地 3.07 万亩、牧草地 0.02 万亩，其他农用地 2.53 万亩。其中耕地占农用地比重为 82.24%，占土地总面积比重为 39.45%。

（2）建设用地

建设用地中，城乡建设用地 56.83 万亩，占建设用地面积的 88.76%，占土地总面积的比重为 42.95%；交通水利用地面积 6.81 万亩，占建设用地比重为 10.64%，占土地总面积的比重为 5.15%。在城乡建设用地中，城镇用地 56.56 万亩，农村居民点用地 0.15 万亩，采矿用地 0.07 万亩，其他独立建设用地 0.31 万亩。在交通水利及其他建设用地中交通运输用地 6.63 万亩，水利设施用地 0.18 万亩，其他建设用地 0.39 万亩。

（3）其他用地

其他土地中，水域 4.21 万亩，占其他土地面积的 87.40%，占土地总面积的 3.18%；自然地 0.61 万亩，占其他土地面积的 12.60%，占土地总面积的 0.46%。

3.2.3　土地利用规划调控指标

（1）耕地保有量

西咸新区2020年各地保有量总面积为52.20万亩，占西咸新区土地总面积比例为39.45%。其中空港新城8.26万亩，占总量15.83%；沣东新城5.32万亩，占总量10.19%；秦汉新城21.62万亩，占总量41.42%；沣西新城9.76万亩，占总量18.70%；泾河新城7.24万亩，占总量13.86%。

表3.1　西咸新区2020年土地利用规划

单位：万亩

地类	面积	占总面积比例	占一级类比例	占二级类比例
土地总面积	132.32	100.00%	—	—
一、农用地	63.48	47.97%	100.00%	—
1. 耕地	52.20	39.45%	82.24%	—
2. 园地	8.26	6.24%	13.01%	—
3. 林地	0.46	0.35%	0.73%	—
4. 牧草地	0.02	0.02%	0.04%	—
5. 其他农用地	2.53	1.91%	3.98%	—
二、建设用地	64.02	48.39%	100.00%	—
1. 城乡建设用地	56.83	42.95%	88.76%	100.00%
（1）城镇用地	56.56	42.75%	88.35%	99.54%
（2）农村居民点用地	0.15	0.11%	0.23%	0.26%
（3）采矿用地	0.07	0.05%	0.10%	0.12%
（4）其他独立建设用地	0.05	0.04%	0.07%	0.08%
2. 交通水利用地	6.81	5.15%	10.64%	100.00%
（1）交通运输用地	6.63	5.01%	10.36%	97.39%
（2）水利设施用地	0.18	0.13%	0.28%	2.61%
3. 其他建设用地	0.39	0.29%	0.60%	—
三、其他用地	4.82	3.64%	100.01%	—
1. 水域	4.21	3.18%	87.41%	—
2. 自然保留地	0.61	0.46%	12.60%	—

（2）基本农田保护目标

西咸新区 2020 年基本农田保护总面积为 26.53 万亩，占耕地的比重为 50.82%，占土地总面积的比重为 20.05%。其中空港新城 5.78 万亩，占总量 21.80%；沣东新城 3.03 万亩，占总量 11.44%；秦汉新城 10.27 万亩，占总量 38.71%；沣西新城 6.25 万亩，占总量 23.57%%；泾河新城 1.19 万亩，占总量 4.49%。

（3）建设用地总规模

西咸新区 2020 年建设用地总规模面积为 64.02 万亩，占土地总面积的比重为 48.39%。其中空港新城 10.16 万亩，占总量 15.86%；沣东新城 16.45 万亩，占总量 25.69%；秦汉新城 16.18 万亩，占总量 25.28%；沣西新城 10.53 万亩，占总量 16.45%；泾河新城 10.71 万亩，占总量 16.72%。

（4）城乡建设用地规模

西咸新区 2020 年城乡建设用地面积为 56.83 万亩，占建设用地比重为 88.76%，占土地总面积的比重为 42.95%。其中空港新城 7.99 万亩，占总量 14.06%；沣东新城 15.27 万亩，占总量 26.86%；秦汉新城 13.14 万亩，占总量 23.12%；沣西新城 10.24 万亩，占总量 16.72%；泾河新城 10.20 万亩，占总量 17.94%。

（5）城镇工矿用地规模

西咸新区 2020 年城镇工矿规模面积为 56.68 万亩，占城乡建设用地比重为 99.74%，占建设用地比重为 88.53%，占土地总面积的比重为

42.83%。其中空港新城 7.98 万亩，占总量 14.08%；沣东新城 15.22 万亩，占总量 26.86%；秦汉新城 13.13 万亩，占总量 23.17；沣西新城 10.22 万亩，占总量 18.04%；泾河新城 10.12 万亩，占总量 17.85%。

（6）新增建设用地规模

西咸新区 2020 年新增建设用地规模面积为 36.59 万亩，占城镇工矿用地比重为 64.55%，占城乡建设用地比重为 64.39%，占建设用地比重为 57.15%，占土地总面积的比重为 27.65%。其中空港新城 6.96 万亩，占总量 19.03%；沣东新城 42.99 万亩，占总量 17.62%；秦汉新城 9.88 万亩，占总量 27.01%；沣西新城 6.76 万亩，占总量 18.47%；泾河新城 6.54 万亩，占总量 17.87%。

表 3.2　西咸新区 2020 年土地利用规划调控指标

单位：万亩

单位名称	耕地保有量	基本农田保护目标	建设用地总规模	城乡建设用地规模	城镇工矿用地规模	新增建设用地规模
空港新城	8.26	5.78	10.15	7.99	7.98	6.96
沣东新城	5.32	3.03	16.45	15.27	15.22	6.45
秦汉新城	21.62	10.27	16.18	13.14	13.13	9.88
沣西新城	9.76	6.25	10.53	10.24	10.22	6.75
泾河新城	7.24	1.19	10.71	10.20	10.12	6.54
合计	52.20	26.53	64.02	56.83	56.68	36.59

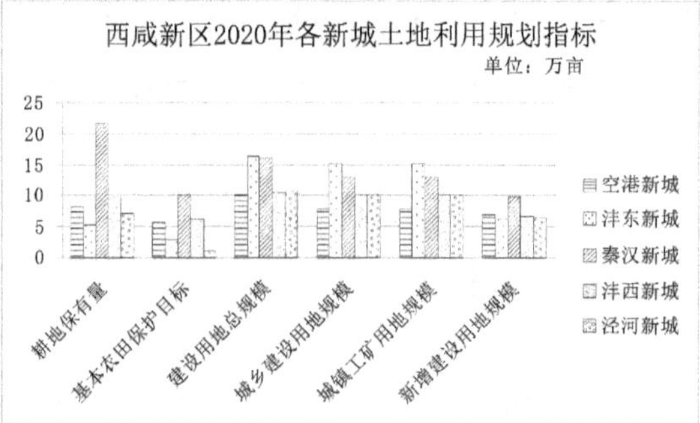

图 3.4　西咸新区 2020 年土地利用规划调控指标柱形图

3.3　西咸新区土地利用存在的问题及思考

3.3.1 土地利用特点

西咸新区依托“山、水、田、垣”的自然风貌特色，进而有效地控制城市的总体结构形态，并塑造具有“现代田园城市”特色的城市新形象，形成区别于其他城市的差异化特征与特色，新型城镇化视角下西咸新区土地利用有以下特点。

（1）土地开发历史悠久，城镇用地分布广、布局分散

西咸新区地处关中平原，属大陆性气候，受季风影响较大，风向以东北风为主，这种气候造成不同季节差异较大：夏季炎热冬季寒冷，夏季多雨冬季干燥。新区土地开发早，土地利用率 96.08%，从古至今都有大量农业区，高出西安、咸阳两市平均土地利用率 7.5 个百分点，其中农用地占土地总面积的 69.56%。

在西安、咸阳两个大中城市辐射带动下，新区已初步形成由 24 个镇（街道）组成的小城镇群，城镇用地分布广，以河流及绿地为水脉，城镇建设规划片区之间保留农田、村落、历史遗迹等非建设用地，城市组团之间以绿地进行分隔。城镇建设与自然风貌、人文要素等协调一致，逐步在形成城乡统筹、生态环境最优、交通便利、风景优美的现代化田园新区。

（2）文物遗址多，保护面积大

新区内有很多历史遗址，不仅包含秦朝时代遗址，还有汉、唐时期的遗址。现已发现全区内的遗址多达 40 处。在这些遗址中有 26 处是省级及以上的文物保护单位。其中省级及以上文物保护单位 15 处。各种特殊用地 1.13 万亩，各种文物遗址的保护范围约 126km^2。这对于用地提出了限制要求，为保护文物遗址，需要加强文物管理，合理利用土地。

（3）坚持“以人为本”协调发展

西咸新区在探索新型城镇化道路的过程中，始终坚持“以人文本”的基本原则，把实现新区内城乡居民美好新生活作为推进城镇化的最终目标。在城镇建设过程中高度重视城市规划，努力避免环境污染、交通拥挤、生活成本攀升等城市问题；积极推进户籍制度改革、推进农业转移人口市民化、实现基本公共服务均等化、促进产城互动融合发展、统筹城乡一体协调发展，努力把城市发展的优势和农村美好的环境结合起来，让城乡居民共享美好新生活[41]。

（4）基于优化布局、集约节约高效的土地利用

积极推进资源的集约节约高效利用，实现节约利用土地和提高人口承载力的双重目标，形成集约节约、清新优雅、便捷舒美、健康时尚的现代都市美好新生活方式。在城市土地利用方面，将城市的发展向“三维立体式”转变，以规模适当、职住平衡、服务配套的空间组织方式，嵌入绿色城市、智慧城市的功能，建设物质和精神要素密集、具有综合功能和人口承载力的核心城区，并依托综合交通网络发展，将交通枢纽与城市功能相结合，打造七大综合交通换乘枢纽，带动周边区域高密度、高强度开发；在农村土地利用方面，依托核心城区打造功能建设居住、消费、休闲、生产、生活综合配套的特色小镇，集聚现有的农村人口，承载经济社会综合功能，并通过村镇适当合并、土地复垦、农业现代化等途径，提升农业生产能力，稳定粮食产量，提高农村土地利用效率；在水资源利用方面，建立以中水回用为核心的水循环系统，利用雨水、再生水等非传统水源，推广红外开关等节水设施，采用灌溉自动控制等节水技术促进水资源的集约节约利用；在能源利用方面，推广太阳能等可再生能源运用、推行装配整体式节能住宅、鼓励使用油电混合动力等清洁能源的公共交通汽车等提高资源的利用效率[42]。

3.3.2 土地利用存在的问题

（1）城乡土地低效利用，影响土地资源效益充分发挥

新区并不属于西安、咸阳两市的规划用地，其发展规划都是以农村标准建设，新区的经济也是以农业为主，但是农业发展又不集中，不能成为新区经济的附加值，所以新区城乡融合、协调发展不够，农村居民点布局缺乏规划，布局分散、土地利用率低的现象普遍存在，影响土地资源效益充分发挥。

（2）城乡建设用地结构布局不合理，城镇化水平偏低

2010 年城乡建设用地 28.47 万亩，占建设用地总规模的 80.95%。城乡建设用地中有城镇用地 10.41 万亩，占城乡建设用地规模的 29.61%；农村居民点 16.06 万亩，占城乡建设用地的 56.42%。西咸新区地处两市接壤处，区内多为村庄，其发展步调与城市发展并不一致，而改造农村、安置居民、转化剩余劳动力亦是很艰巨的任务。目前西咸新区城镇用地比重较小，农村居民点比重偏大，城镇化水平低。为加快城乡统筹步伐及区域发展，西咸新区建设的重中之重是要将城乡高度融合、区域功能互补、利益充分共享[43]。

（3）建设用地的需求不断增长，供给压力更加突出

西咸新区处于城镇化、工业化快速发展阶段，城镇用地需求量将在规划期内保持较高水平；省政府加快实施大西安建设，将拉动新区内基础设施用地的进一步增长。但是，随着耕地保护和生态建设力度的加大，建设用地规划指标和计划指标的严格控制，各项建设用地的供给面临前所未有的压力。

（4）土地发展与文物保护之间不协调

新区内经济发展落后，但是其拥有良好的生态环境，且区域内的历史遗迹也比较多。但是若要进行经济发展，必将对区域内的生态环境和历史遗迹造成一定的破坏。所以，西咸新区未来的发展具备一定的挑战，需将土地发展和生态建设、文物保护协调好。

3.3.3 促进土地合理利用的措施建议

根据目前西咸新区土地利用的实际情况，促进其土地合理利用的政策措施应包括以下几点。

（1）减少土地资源的浪费

应加强宣传，树立节约集约用地意识，加强土地的合理有效使用，同时，应继续严格执行闲置土地的查处，对于连续两年闲置的土地，应依法收回。

（2）提高新增建设用地的集约水平

对于新增建设用地集约水平的提高主要采取以下几项措施。一是严把审批关。充分发挥项目审批职能部门的作用，对新增建设用地建设项目要严格按照评估材料的数据与真实的投资相符合、评估材料的数据与评估指标相符合的“双符合”原则进行评估，对于投资强度及容积率达不到要求，土地产出率低，技术落后，能耗高，不符合条件的企业坚决不予以审批。二是严把评审关。进一步发挥项目可行性研究报告阶段的评审作用，认真核实项目的各项指标，邀请有关方面的专家对可行性研究报告进行真实、客观、公正的评审，并充分尊重专家意见。对没有通过评审的企业要限期进行整改，整改后仍未达到要求的，坚决不予引进。

（3）严格控制新增建设用地

规划土地部门应当发挥自身的优势，紧抓规划和用地审批核心环节，严格控制新增建设用地，把住四关，即产业政策关、规划选址关、供地方式关和供地数量关，按照规划、计划、程序、权限进行批地。以提高土地利用率为原则，严格控制外延性建设占地。要教育和引导用地者把眼光放在存量、闲置和非耕地上，逐步实现土地供应由需求决定供给向供给引导和制约需求转变，土地利用从外延增量粗放型向内涵挖潜集约型转变。

（4）采取措施，提高城镇存量土地的利用率

从内涵扩张和集约经营的层面处理好闲置土地，进一步发展存量土地资源潜力。进行存量土地置换，对原有土地进行第二次开发或内涵性再开发。根据级差地租规律导向重新配置土地资源，将有助于优化土地利用结构，推动其集约高效利用。对濒临破产或资不抵债的企业，应结合企业改革、改组，实行企业兼并、联合、转让等形式，盘活土地资产，搞活企业经营，减少新建、扩建项目用地，充分发挥存量土地资产效益。同时，制订盘活存量土地的年度实施计划，做到定土地、定具体地块、定规划用途、定集约指标，并及时发布存量土地供应信息，便于开发招商，增加透明度。

（5）积极推进城乡建设用地增减挂钩，优化城乡用地空间布局

根据国家关于增减挂钩的相关政策文件和规定，积极推进城乡建设用地增减挂钩工作，通过对各类“空心村”、旧庄基地、闲置村庄等低效农村建设用地的拆旧复垦，并对拆旧村庄农民进行集中安置，建造多层和公寓式农民住宅，同时将节约出的珍贵指标用于城镇发展建设等一系列措施，最终在达到保证耕地面积不减少，质量有提高，建设用地不增加的目标下，优化城乡建设用地空间布局，提高西咸新区土地节约集约水平。

（6）探索农村集体土地流转机制，提高农村土地利用效率

进一步深化农村土地管理制度改革，开展农村集体建设用地流转改革试点，创建集体农用地流转补偿新机制，构建农村集体土地流转市场，推动城乡生产要素自动流动。一方面，通过农村集体土地流转，调整土地利用结构和优化用地布局，促使农业规模化经营、产业化发展，进一步提高农村土地利用效率和土地投入产出效益；另一方面，通过集体土地流转，合理配置土地资源，实现集体土地与国有土地“同地、同价、同权”，让农村集体参与土地增值收益分配，切实增强农业和农村发展的内在动力，进一步推进城乡统筹发展，建设现代田园新城。

3.4　本章小结

本章首先对西咸新区现状进行了阐述，对区内土地利用现状及规划进行了说明，最后对西咸新区的土地利用存在的问题提出了建议，只有科学制定并切实执行新区的土地利用规划，特别是科学论证并实施好城市发展控制区规划，严格控制城市建设用地的供应总量，严格执行土地用途管制制度，坚持按规划用地，从严审批建设用地，采取措施，节约集约用地，坚决刹住盲目“圈地”和低效率用地之风，遏制城市规模的盲目膨胀。

第 4 章　新型城镇化视角下西咸新区土地利用模式研究

4.1　西咸新区土地规划总体布局

（1）国家区域发展战略深入推进

2009 年上半年，在国务院的努力下对海峡两岸经济区、黄河三角洲、辽宁沿海经济带等 14 个区域制定并实施了整体的规划。随着《关中 - 天水经济区发展规划》政策的颁布，标志着国家开始重视发展关中经济区，这将进一步加快推进西咸一体化进程[44]，为建设西咸新区带来巨大的战略发展机遇期。

（2）西安国际化大都市启动建设

2010 年 6 月，经陕西省人民政府审议，原则上通过了《西安国际化大都市城市发展战略规划》，并对城市的发展做出引导性、框架性、战略性等重要部署。未来围绕总部经济、金融商务、现代服务业、先进制造业等方面，西安将持续做大做强。使之成为国际性的交通枢纽，充分发挥其在西北地区的模范作用[45]。

（3）西咸一体化深入推进

陕西省委、省政府审时度势，认为必须抓住历史发展机遇期[46]，在区域发展上谋划新亮点，取得新成效，决定将西安与咸阳两市接合部规划成西咸新区，并以打造西安国际化大都市为契机，大力发展西咸新区的社会经济建设。

在新型城镇化理念的指导下，充分利用西咸新区的地理优势和深厚的文化底蕴，按照以人为本的思想，将西咸新区建设成为社会和谐、生态节约、环境优美、景观协调的现代化生态田园新城[47]，新区的社会经济增长速度也将赶超国内其他地区，成为全国区域协调发展的国家级新区[48]，成为中国城市未来发展的典范。

4.1.1　空间格局

（1）以“核心区 + 城市组团 + 外围组团”发展理念，优化大都市发展格局，形成新的城市形态。如图 4.1 所示。

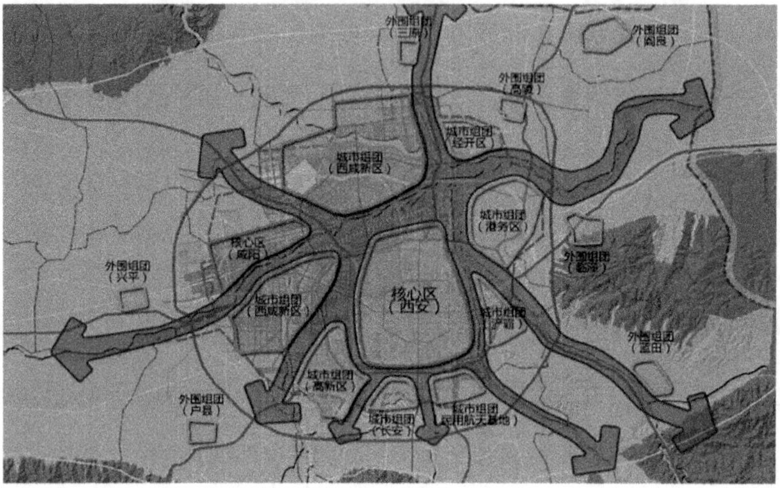

图 4.1　西咸新区空间发展格局图

主城区与外围组成通过“两环六放射”的快速交通廊道连接，构建高效便捷的大都市交通体系。如图 4.2 所示。

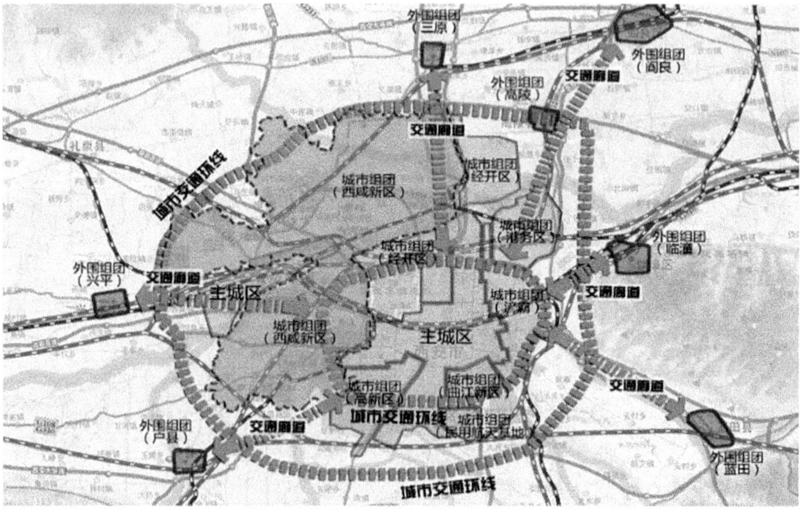

图 4.2　大都市空间交通结构图

（2）在西咸新区内，以组团规模为依据，构建现代田园城市体系，具体表 4.1 所示。

表 4.1　西咸新区现代田园城市体系

<table>
<tr><th>级别</th><th>名称</th><th colspan="2">建设用地规模（km²）</th><th>人口（万人）</th><th>功能定位</th></tr>
<tr><td>一级</td><td>核心城区</td><td colspan="2">10 ～ 18</td><td>10 ～ 20</td><td>以大开大合的现代田园城市理念，采取分组团布局的方式[49]，核心城区组团建设控制在 10 ～ 18km²，各组团间通过快捷交通相连接。完善各组团的基础服务设施和现代城市风貌。</td></tr>
<tr><td>二级</td><td>田园社区</td><td colspan="2">3 ～ 5</td><td>3 ～ 5</td><td>结合用地形成，以某种城市功能为主或者涵盖城市综合功能的田园社区组团；以全新的城市组织体系，超前的城市综合体的概念，涵盖多种城市功能，周边布局绿色田园产业。</td></tr>
<tr><td rowspan="2">三级</td><td rowspan="2">优美小镇</td><td>特色主题型优美小镇</td><td>0.5 ～ 0.9</td><td>5000</td><td>延续乡村生活模式，强调绿色、生态的生活理念。每个优美小镇的建设规模控制在 0.5 平方公里左右，建筑高度在 6 层以下，主要以 3 层为主。建筑密度宜控制在 25%–45%，整体容积率小于等于 1.0–1.5% 以内。以文化旅游、关中民居、田园风貌、滨水风情为主体风貌。[50]。</td></tr>
<tr><td>庄园经济型优美小镇</td><td>0.2</td><td>2000</td><td>以核心绿地为中心，规模在 300 亩左右，周边布置企业会所、艺术家工作室等，建设用地控制在 0.2km² 左右，建筑高度以 2 ～ 3 层为主，都市农园环绕周边，总体规模约为 1.5 ～ 2km²。配套相应基础功能，引入庄园经济理念，打造新式农业休闲模式和优美小镇建设模式[51]。</td></tr>
</table>

4.1.2　总体布局

（1）布局原则

1）尊重城市现有格局，延续城市发展脉络，对接新区周边区域；

2）提高环境质量与景观面貌，突出新区历史遗存丰富的特点，提高城市品位；

3）提高二、三产业发展的比重；

4）优化交通网络，构建支撑城市的快速交通体系；

5）完善城市基础设施和公共设施的承载能力与服务水平。

（2）总体布局

以城市功能安排的要求进行总体布局。延续西安主城区南北主轴带的发展特色；将都市型工业（一、二类工业）沿泾河北岸、机场北侧及渭河南岸西侧布置，保留现有工业区；对居民用分块区划，并加强分块间绿化；按不同等级建立公共服务设施，在沣河新城建立商业区，根据各组团的特点配置不同的功能建设[52]；建成连接内外的现代化交通体系；将新区的自然地貌与生态系统相结合；在机场西侧、包茂高速西侧规划仓储用地。加强新区内历史文化内涵的保护与建设，主要是帝陵与古城遗址的保护及传承，以及周秦汉唐文化的物质性建设[53]。

4.1.3 人口分布

综合就业岗位预测法和用地指标平衡法两种人口预测的方法，得出到2020年，西咸新区人口规模将达到236万，人口分布情况如表4.2所示。

表4.2 西咸新区人口分布情况

单位：万人

组团名称	现状人口	规划人口	新增人口
空港新城	11.50	27.0	15.50
沣东新城	39.80	67.0	27.20
秦汉新城	14.10	42.0	27.90
沣西新城	10.30	53.0	42.70
泾河新城	13.60	47.0	33.40
合计	89.30	236.0	146.70

4.2　西咸新区土地利用影响因素分析

在西咸新区发展的众多优势下，在新一轮的西部大开发的冲击下，相关条令中明确指出，要加快建设西咸一体化，加快走向西安国际化大都市的步伐。在打造大西安国际现代化大都市的过程中，推进西咸一体化是关键。西咸新区的土地利用也受到很多因素的影响，包括制度因素、市场因素和环境因素。

4.2.1　制度因素分析

影响西咸新区土地利用的制度因素包括地方预算制度构成、土地法规完善度、土地法规执行刚度和土地违法行为查处力度等。

（1）地方预算制度

为使得地方公共利益最大化，区域的公共事务由区内的公民管理，而非中央集权，西咸新区采用独立的地方预算权，这样的好处有：使西咸新区独特的地理优势得到充分发挥；公民对公共产品进行预算，可以提高公共产品的利用效率；独立的地方预算权与社会福利水平有关[54]，可以促进福利水平。地方预算权的独立是指给予地方预算适度的独立权，并不表示地方与中央的预算完全独立毫无关系。从客观上讲，地方预算权不是指绝对集权，也不同于地方割据，适当的独立权处于两者之间。从主观来讲，地方预算权的独立具有一定的背景条件，需要在特定的国情条件下，使得社会公共利益得以实现，才被认为是适度的[55]。

（2）土地法规完善度

在一系列的法律法规和规章制度的框架下，构成了我国现有的土地征收法律制度。由于许多复杂的原因，它并不能很完善地解决关于土地所引发的问题，原因就是现有的土地征收法律制度还存有缺陷[56]。对西咸新区的土地利用是十分严峻的挑战，因此，在土地的征收过程中，应该合理界定“公共利益”的范围；完善土地征收程序[57]；完善土地征收补偿标准；给予被征收人充分的社会保障。

（3）土地法规执行制度和土地违法行为查处力度

2015 年颁布的《国务院关于加强土地调控有关问题的通知》中指出，只有拥有更严格的管理措施，强有力的土地调控，才能进一步贯彻科学发展观，使得经济社会可持续发展[58]。这对西咸新区土地利用提供了强有力的法律保障，能有效打击土地违法行为，保证了当地农民的合法权益，更有利于土地征收的进行。

4.2.2　市场因素分析

市场因素包括经济增长方式、土地需要量及土地供应量等因素。

（1）经济增长方式

我国经济增长方式转换的目标就是实现经济增长方式从粗放型到集约型的转化。经济增长方式最终要达到使生产率全方位稳步提高，其具体目标为：经济不再依赖非再生资源，也能稳定增长，使得经济发展和生态环境能够和谐共存；提高劳动生产率，增加劳动的附加值；优化产业结构，加快经济发展步伐。

地方政府要在科学的产业规划与政策方针指导下来发展西咸新区，将当地的资源优势着眼于全国的产业布局中，促进地方产业结构的发展。为提高规模经济效率，需将产业适度集中、集群以及将区域内的企业变得更强大[59]。最后需要注意的是，为促进经济增长，地方政府要采取稳定、连续的制度和政策措施，不可朝令夕改，忽快忽慢，波动过大，以免影响市场主体的积极性。

（2）土地需求与供应量

土地资源是人类赖以生存和发展的自然环境资源，必须合理规划使用，若使用过度，会使土地资源耗损，不可再生。规划期内，各部门的用地数量和布局，要根据土地利用规划统一协调和安排。土地利用规划中的重要内容是对各行各业在规划期内土地的增减进行预算，这样方便确定、协调各部门的用地指标，此外，还要了解各类用地的需求量变化情况[60]。所谓土地需求预测是指对预测地域做预计和推测，预测额目的是能够合理管理土地资源，使得土地利用得到好的控制[61]。

西咸新区农村人口和农业比重较大，统筹城乡发展任务艰巨。选择合适的土地供应模式，协调好耕地与建筑用地的关系[62]，只有选择合适的土地供应模式，才能将房价控制在合理的范围内，否则房价过高或过低，都会影响正常的社会民生[63]。只有合理的土地供应量才能促进新型工业化的发展。因此，协调好土地供应量与房价的关系，也是西咸新区土地利用过程中所面临的一大挑战。

4.2.3 环境因素分析

影响西咸新区土地利用的环境因素主要有区位条件和文化因素。

（1）区位条件

西咸新区地理位置优越，依山傍水，区域内被三条河流切割，水资源充足。地势比较平坦，拥有大片宝贵的土地资源，发展空间足够大，足以用来开发建设田园城市。区域独特的地理位置和地形，其地貌特征是关中特有的。

（2）文化因素

西咸两市具有丰厚的历史文化底蕴，称得上是中国的历史文化中心，古时很多朝代都将都城建立在这里。西咸新区由于其地理优势，保存有很多珍贵的文化遗产，具有很高的研究价值。西咸新区丰厚的文化遗存，深厚的文化积淀，使得其具有很高的经济价值。

浓厚的历史文化遗存有其特有的优势，同时也给西咸新区的现代化建设带来一定的困难。新区内经济发展落后，若要进行经济发展，必将对区域内的生态环境和历史遗迹造成一定的破坏。西咸新区未来的发展具备一定的挑战，需将经济发展和生态建设、文物保护协调好。

4.3 西咸新区土地利用模式研究

为了公平、有效地利用土地，必须合理配置都市农用地与建设用地指标，以土地集约、高效、计划利用为原则，建立二者之间良好的配置机制，实现都市农业用地与建设用地的科学合理配置。

4.3.1　用地发展趋势

（1）农用地

按照《西咸新区总体规划（2010—2020 年）》布局生态格局的要求，充分利用区内丰富的自然生态资源，以水为脉，贯通城市绿色廊道，打造都市绿心，营造都市绿色生态环境，构建“两带、三廊、多绿楔”的生态绿化体系。“两带”指渭北帝陵风光带、周秦汉古都文化带，“三廊”指渭河、泾河、沣河三条生态景观廊道，“多绿楔”指楔入各功能组团间的生态绿地。经测算，规划期西咸新区因生态体系建设需占用农用地 480.0ha，其中占用耕地 420.0ha。

未来西咸新区农业用地建设，以都市型现代农业为主进行规划，包括标准化农田建设基地、景观林木种植基地、花卉果蔬种植基地、市民农园基地等，将有更多的耕地被改造为设施农业用地、园地、林地等，以满足城市居民休闲娱乐的需求。经测算，农用地结构调整将减少耕地 150.0ha。

西咸新区规划期耕地因建设占用、农用地结构调整、生态退耕等减少耕地 20140.2ha，通过土地开发、复垦和整理增加耕地 360.0ha，规划耕地净减少 19780.2ha。

依据全国生态承载力指标体系研究结果，生态承载力中的资源供给能力主要包括能源矿产资源、土地资源、水资源、植被资源等[64]（表 4.3）。由表 4.3 可以看出，土地资源指标体系中以人均拥有一定的耕地面积作为衡量土地资源承载力的标准。到2020年，西咸新区人口约236万，按人均3.5亩的标准计算，到规划期末区域内的耕地保有量至少保证在5507.0ha以上。

表 4.3　我国生态承载力指标体系表（部分）

类别			理想参比值	单位
资源供给能力	能源矿产资源	人均能源基础储量	200	标准煤
		人均黑色金属矿产基础储量	18	t
	水资源	人均水资源拥有量	3149	m^3
	土地资源	人均耕地面积	3.5	亩
	植被资源	森林覆盖率	20	%
		自然保护区面积比例	20	%
		城市人均公共绿地面积	15	m^2

西咸新区通过发展以生态农业、休闲农业、外向型农业为特色的都市农业、现代农业，力争将新区建设成为现代农业、生态农业和城市建设高度融合的生态型、田园型新区，成为未来西安国际化大都市的菜篮子基地和生态农业基地。

（2）建设用地

1）城镇用地。2010年，西咸新区人均城镇工矿用地面积403m^2。根据《镇规划标准 GB 50188-2007》中人均建设用地指标，城镇人均用地指标最大为150m^2；根据《西咸新区总体规划（2010—2020年）》，2015年新区人均建设用地120m^2，2020年115m^2。西咸新区刚成立，节约集约水平提高需要逐步推进，通过对新区城镇用地情况实际调研分析，西咸新区范围内城镇人均用地指标2015年最高按照不超过220m^2控制，2020年限制在175m^2以内，城镇人口分别按135万人、228.9万人计算。利用下列公式：

城镇用地面积 = 城镇常住人口 × 城镇规划人均用地

2015 年，新区城镇用地规模为 29700ha；2020 年，城镇用地规模为 40061ha。

2）农村居民点。根据《西咸新区总体规划（2010—2020 年）》，新区范围内农村居民点呈逐年递减趋势：第一阶段（2011—2015 年）保留现有村庄和现有农业生产，主要以休闲农场建设为主发展一村一品特色产品，开展如春季踏青赏油菜赏桃花、夏季避暑赏石榴看荷花、秋季纳凉吃水果、冬季赏雪吃农家饭、体验关中风情等活动；第二阶段（2016—2020 年）建设居住社区，为城市发展提供劳动力，区内建设市民农园，可为部分农民提供就业岗位，失地农民参加政府就业培训，参与新区建设，保障相对稳定的工作和经济来源。

因此，新区内农村居民点原则上只进行改建，形成农园风情特色小镇，逐步回收空闲宅基地，不再进行新建和扩建；小镇建设遵循《村庄和集镇规划建设管理条例》和《镇规划标准》，公共服务设施配置和基础设施建设应纳入新区建设统一规划，保证小镇基础设施到位，共享大都市的医疗卫生、教育、文化体育等公共服务设施和社会保障条件。

但经对区内农村居民点现状用地进行抽样调研，认为新区内地形属关中平原，农村现状居住条件好，农村居民点用地集约度较高，区内农村居民“进城上楼”积极性并不是很高，城镇化合理推进需要一个较为长期的过程，因此，研究按照区内预期保留的农业人口 2015 年、2020 年分别为 15 万人、7.08 万人，人均农村居民点分别按照 175m^2、100m^2 控制，预测 2015 年农村居民点用地需建设用地 2625.0ha，2020 年需建设用地 708.0ha。

3）采矿及其他独立建设用地。采矿用地主要是指独立于居民点之外的采矿、采石、采砂（沙）场，砖瓦窑等地面生产用地及尾矿堆放地（不含盐田）[65]。西咸新区范围内采矿用地主要有采石、采砂（沙）和砖瓦窑，现状用地 1303.5 公顷，根据《西咸新区总体规划（2010—2020 年）》及 2010 年西咸新区土地利用现状，规划期末，731.0ha 采矿用地将进入城镇，通过整治后用于城镇建设，其余 423.1ha 采矿用地是要用于城乡建设用地增减挂钩拆旧，即剩余 149.4ha 采矿用地进行保留，且根据西咸新区产业规划，新区范围内不再增加新的采石、采砂及砖瓦生产等类似的建材企业，剩余采矿用地也将逐渐缩小规模，减少其对环境、土壤的污染破坏。

其他独立建设用地主要是指采矿用地以外，对气候、环境、建设有特殊要求及其他不宜在居民点内配置的各类建筑用地[66]。西咸新区范围内现状其他独立建设用地主要分布在高庄镇和泾干镇，规划期内，新增其他独立建设用地主要为污水处理厂、热电厂、变电站等，根据《西咸新区总体规划（2010—2020 年）》，规划期需新增建设用地 23.4ha。

根据分析预测，规划期内采矿及其他独立建设用地按照均匀速度增减，到 2015 年，采矿及其他独立建设用地面积为 577.1ha，2020 年 149.4ha。

4.3.2 模式选择

现代田园城市，是西咸新区开发建设的重要内容，也是西咸新区有别于国内其他新区的一大特色。坚守土地利用总体规划，合理配置都市农业用地与建设用地，需要城市建设用地集约化利用，农业用地也要走集约化和集约化经营的道路[67]。

（1）农业用地土地流转规模化

这里的农用地规模化不是简单的、粗放的规模化，而是规划下的精细化土地流转规模化。土地流转是实现土地规模经营、提高土地资源配置效率、发展都市农业、促进农民增收的有效途径，是统筹城乡发展、推进新型城镇化建设的重要保障[68]，也是西咸新区创新城市发展方式、建设现代田园城市的关键。农村土地流转是我国城镇化进程中的一个重大问题，既关系到调整农业结构、实现规模经营、促进农民增收，也关系到节约集约利用土地、维护农民利益、统筹城乡发展[69]。西咸新区承担着建设现代田园城市的重任，做好农村土地流转工作，更为重要。

自 2013 年 5 月以来，西咸研究院对西咸新区农村土地流转情况进行了深入调研。西咸新区共辖 7 个县（区）23 个乡镇（街办）445 个行政村，现有农村人口 75.85 万人，土地总面积 132.3 万亩，现有耕地面积 72.58 万亩，规划耕地面积 52.20 万亩。截至目前，新区共流转土地 97738 亩，其中，各新城主导的流转共 67738 亩（泾河新城 29759 亩，秦汉新城 16609 亩，沣东新城 11000 亩，沣西新城 5870 亩，空港新城 4500 亩）；农户自发流转约 30000 亩。

新区土地流转主要分为两大类，一类是由各新城主导流转，一类是农户自发流转。由各新城主导的土地流转工作主要按以下三个步骤进行。一是引进企业，各新城通过引进农业龙头企业、专业大户入区投资，发展都市农业项目。目前，新区已洽谈引进秦龙现代生态智能创意农业园区、中国暖温带森林文化博览园等农业项目 22 个，预计流转土地面积近 9 万亩。

二是制定政策，针对入区农业项目，研究制定政策，出台《土地流转管理办法》等相关措施，并将这些政策措施进村入户进行广泛宣传。三是签订合同，按照土地流转相关政策法规，与原土地承包方签订书面合同，进行流转合同备案、登记等工作，目前各新城主导的土地流转合同签订率均为100%。同时，与入区企业项目单位达成协议，预留20%左右的用工岗位给流转土地农户，组织开展用工技能订单培训。农户自发流转主要是农业企业、专业合作社及种养大户与农户之间进行土地流转，分散且多不规范。其中，一部分较大农业项目借助村委会与农户谈判，签订流转合同，并在村委会、乡镇备案[70]；也有一部分直接与农户谈判进行流转，未签合同未备案，手续简单，易发纠纷。从全新区情况看，流转后的土地多用于发展设施蔬菜瓜果种植、花卉苗木培育、生态休闲农庄等附加值高、经济效益好的都市农业项目，形成了连片专业化规模经营，促进了农业产业化发展，提高了土地的收益；同时，大量的农村富余劳动力从传统农业中分离和解放出来，及时补充了入区农业企业用工的需求，土地流转农户的收益也有了较大提高。据测算，泾河新城农民原种植小麦、玉米等主要粮食作物年均收入为900～1000元/亩，经秦龙现代生态智能创意农业园项目流转土地后，每年租金收入为1500元/亩，3年递增一次，上浮5%。此外，土地流转农民在项目地务工，男性为100元/天，女性为80元/天，人均年收入可达2万元至2.5万元。

土地流转的根本目的在于提高土地规模化经营水平，促进现代农业发展[71]。以龙头企业为主体，带动土地有序流转，把土地流转集中到优势生产经营项目上来，推动传统农业向现代化农业发展。

（2）建设用地集约化

集约节约利用土地资源，提高城镇综合承载能力是西咸新区在城市开发建设过程中需要承担的历史重任。新区在推进新型城镇化建设过程中，其自身建设用地仅占总面积的三分之一，其中三分之二以上的土地都是农业用地资源，依靠传统的土地财政模式已无法支撑城市建设，因此新区牢固树立集约节约利用土地的工作原则，将其融入现代田园城市建设当中，努力建设成为集约、节约城镇化的新典范。根据目前西咸新区土地利用的实际情况，其土地节约集约利用的政策措施有以下几点。

1）减少土地资源的浪费。应加强宣传，树立节约集约用地意识，加强土地的合理有效使用，同时，应继续严格执行闲置土地的查处，对于连续两年闲置的土地，应依法收回。

2）提高新增建设用地的集约水平。对于新增建设用地集约水平的提高主要采取以下几项措施：一是严把审批关。充分发挥项目审批职能部门的作用，对新增建设用地建设项目要严格按照评估材料的数据与真实的投资相符合、评估材料的数据与评估指标相符合的“双符合”原则进行评估，对于投资强度及容积率达不到要求，土地产出率低，技术落后，能耗高，不符合条件的企业坚决不予以审批。二是严把评审关。进一步发挥项目可行性研究报告阶段的评审作用，认真核实项目的各项指标，邀请有关方面的专家对可行性研究报告进行真实、客观、公正的评审，并充分尊重专家意见。对没有通过评审的企业要限期进行整改，整改后仍未达到要求的，坚决不予引进。

3）严格控制新增建设用地。规划土地部门应当发挥自身的优势，紧抓规划和用地审批核心环节，严格控制新增建设用地，把住四关：即产业政策关、规划选址关、供地方式关和供地数量关，按照规划、计划、程序、权限进行批地。以提高土地利用率为原则，严格控制外延性建设占地。要教育和引导用地者把眼光放在存量、闲置和非耕地上，逐步实现土地供应由需求决定供给向供给引导和制约需求转变，土地利用从外延增量粗放型向内涵挖潜集约型转变。

4）采取措施，提高城镇存量土地的利用率。从内涵扩张和集约经营的层面处理好闲置土地，进一步发展存量土地资源潜力。进行存量土地置换，对原有土地进行第二次开发或内涵性再开发。根据级差地租规律导向重新配置土地资源，将有助于优化土地利用结构，推动其集约高效利用。对濒临破产或资不抵债的企业，应结合企业改革、改组，实行企业兼并、联合、转让等形式，盘活土地资产，搞活企业经营，减少新建、扩建项目用地，充分发挥存量土地资产效益。同时，制订盘活存量土地的年度实施计划，做到定土地、定具体地块、定规划用途、定集约指标，并及时发布存量土地供应信息，便于开发招商，增加透明度。

5）积极推进城乡建设用地增减挂钩，优化城乡用地空间布局。根据国家关于增减挂钩的相关政策文件和规定，积极推进城乡建设用地增减挂钩工作，通过对各类“空心村”、旧庄基地、闲置村庄等低效农村建设用地的拆旧复垦，并对拆旧村庄农民进行集中安置，建造多层和公寓式农民住宅，同时将节约出的珍贵指标用于城镇发展建设等一系列措施，最终在达到保证耕地面积不减少，质量有提高，建设用地不增加的目标下，优化城乡建设用地空间布局，提高西咸新区土地节约集约水平。

6）探索农村集体土地流转机制，提高农村土地利用效率。进一步深化农村土地管理制度改革，开展农村集体建设用地流转改革试点，创建集体农用地流转补偿新机制，构建农村集体土地流转市场，推动城乡生产要素自动流动[72]。一方面，通过农村集体土地流转，调整土地利用结构和优化用地布局，促使农业规模化经营、产业化发展，进一步提高农村土地利用效率和土地投入产出效益；另一方面，通过集体土地流转，合理配置土地资源，实现集体土地与国有土地“同地、同价、同权”，让农村集体参与土地增值收益分配，切实增强农业和农村发展的内在动力，进一步推进城乡统筹发展，建设现代田园新城[73]。

4.3.3　实证分析

根据西咸新区的发展战略和空间布局策略，西咸新区延续区域内原有绿色生态基底，组团布局城市建设用地，增强区域内部分工协作，有机组织各个功能组团，构建组团式发展的现代田园城市格局，将建成西安国际化大都市的主城功能新区和生态田园新城。所以西咸新区土地利用模式选择，在农业用地上土地流转规模化，在建设用地上集约化。

“秦汉农城”项目所在地位于西安市西北方向 27.6km（咸阳市北北东方向 19.5km），地理坐标范围为：东经 108° 47′ 25″ ~ 108° 53′ 11″，北纬 34° 27′ 22″ ~ 34° 30′ 49″。北濒泾河，南到长陵，东到 208 省道，西到金田玉村。项目园区东西长 9km，南北长 4.7km，呈不规则状，面积约 12km^2（1.8 万亩）。辖区共有 6 个行政村、15 个自然村，自东向西分别为：修石渡村、傅家村、舒家村、唐家村、王家村、郭家庄、福隆庄、河滩村、东风村、五福庄、蒋刘村、大堡子村、小寨村、小徐村、小堡子村、金田玉村。秦汉农城项目位于在西咸新区秦汉新城五陵塬北麓、泾河南岸，将建成一个集农业、林业产品种植和深加工、农资贸易、中药材加工及贸易、现代农副产品物流、泾河南岸田园都市旅游、优美小镇和优美乡村示范、城乡居民养老休闲度假疗养等为一体的现代化立体农业之城。实现土地利用的集约化、生态化、现代化，实现农资市场综合化、集成化、网络化、国际化，实现观光农业、民俗文化产业的规模化、资本化、信息化，实现产业设计的架状关联与链式互动，实现农村人口的知识化、产业化、权益保障最大化，实现农产品附加值的最大化与农产品产业风险最小化。

农城项目建设从土地整理开始，流转土地 2800 亩。使得土地的集聚度得到了提高，从而达到了实现土地资源相对集中和促进农业由分散经营向规模经营转变的目的，这不仅有效增加了农民收入，更有利于加快农业现代化进程。以西北苗木花卉交易中心项目为例，其中的玫瑰园主要是通过种植玫瑰采摘玫瑰鲜花蕾、鲜花以及后期花瓣进行玫瑰精油及系列产品生产，形成集种植、加工、销售、观光等为一体的特色生态玫瑰园。现在农民种植每亩玫瑰花的收益比种植普通粮食作物要增收数倍。农户在无须成本、劳力的情况下流转土地，这是第一笔收入；土地租让后，妇女们不出家门不出乡，到玫瑰庄园打工，这是第二笔收入；土地租让后，有限的土地不再捆绑住一家人的手脚，可以就近到企业打工，或者搞点养殖业，甚至外出打工挣钱，这是第三笔收入。这样，每个家庭的收入途径不再单一，所创下的收入是原先全家人在土地上辛苦劳累一年的数倍。土地流转使得农民避免了农业生产的风险，保证了土地的正常收益，还拓宽了自身的增收渠道。通过这样的生态示范项目建设，把原有土地由传统型农业向现代农业转型，必将大大提高项目土地利用效率，增加农业产值，同时间接带动上千人就业。

在集约化用地方面，农城首先通过规划引领和调控，优化土地利用格局，“科学的规划是最大的节约集约”。为此，农城统筹协调主题功能区规划，确保资源的优化配置与高效利用。

表 4.4　“秦汉农城”土地利用表

序号	指标名称	单位	数值
1	总占地面积	亩	22893.03
1.1	西北农资交易中心	亩	167.25
1.2	果蔬配送中心	亩	528.3
1.3	西北苗木花卉交易中心	亩	330.15
1.4	西北棉花及家纺交易中心	亩	83.1
1.5	大西安农产品加工基地	亩	1503.75
1.6	西北中药材交易中心	亩	84.15
1.7	服务中心	亩	494.25
1.8	泾南“瀛洲春草”休闲农业乐园	亩	5615.4
1.9	瀛洲古镇	亩	420.6
1.10	住宅开发	亩	407.55
1.11	创意田园优美小镇	亩	1089.45
1.12	精品田园居住区	亩	338.4
1.13	皇家庄园居住区	亩	714.9
1.14	关中水村	亩	256.5
1.15	柳毅汤泉谷	亩	149.55
1.16	泾河度假山庄	亩	460.95
1.17	国际马术公园	亩	1118.85
1.18	教育培训基地	亩	524.25
2	“秦汉立体农城”建设面积	亩	13510.2
2.1	居住类	%	20
2.2	农副产品物流类	%	30
2.3	纯农业类	%	50
2.4	建筑密度	%	59.0
2.5	容积率		1.13

针对农城特殊的地理位置和丰富的资源，在对农城土地节约集约利用的过程中，注重特色与创新。方法是措施的具体化，在既定措施下，有多种解决问题的方式和方法。

农城南高北低，南北高差约 80m，东西方向较平坦，地块中部有贯穿东西的坮塬，高约 50m 以下的地形起伏比较大。地质灾害较为严重，主要表现为边坡、塌陷、地面沉降、地裂缝等方面，坮塬出现过多次滑坡，针对坮塬地形，农城将此规划设计为坮塬景观带，治理土塬，削塬固坡，在基础上种植花草，将花田小径、珠帘碧景、花海颉绿等景观穿插其中，运用高差起伏的错落感，既给人以视觉冲击，又给人舒适的景观享受。农城中土塬土地不仅利用起来，而且形成的景观带，带来了社会、经济、生态三大效益。如图 4.3 所示。

图 4.3　坮塬景观带示例图

“秦汉农城”项目是探索现代农业的大实践，项目的建立有利于改变农业发展方式，促进生产经营专业化、标准化、规模化和集约化，成为引领现代农业发展的典型和样板。项目促进农业生产、改善农村面貌、增加农民收入、提高人们的生活水平，成为新区建设、解决民生工程的新亮点和重要载体，为新区建设打造了优良社会基础。

4.4　本章小结

本章主要阐述了西咸新区在国家区域发展战略深入推进过程中，在西咸一体化大背景下，西咸新区土地规划的政策背景、空间总体布局和人口分布，分析了土地利用影响因素，最后就土地利用模式进行了具体研究，以“秦汉农城”为例，说明了西咸新区在新型城镇化发展的理念下，坚持土地集约利用和规模化的模式下，对新区进行科学合理的规划，把西咸新区建设成为生态节约、环境友好、设施现代、社会和谐、开放包容、彰显历史文化、产业有序集聚的生态田园新城。

第 5 章 西咸新区土地管理三维信息化系统设计

5.1 新型城镇化下的土地利用信息化发展

5.1.1 土地管理信息化相关技术

各种高新技术应用于生产，无疑会对这个行业的发展产生重要甚至变革性的影响。同样，测绘技术在土地的利用与管理中的使用使得工作效率得到了前所未有的提高，这样不仅保证了工作质量，降低了劳动强度，也给我们的工作带来极大的便捷。以下介绍几种土地利用管理信息化中的相关技术。

（1）“3S”技术

利用以 RS、GIS 和 GPS 为代表的“3S”技术进行土地资源的利用情况进行快速并且有效的动态监测，可以保证土地资源利用情况能够快速获取并做出相应的调整和决策[74]。不同时段、不同传感器的多源卫星融合影像可以在更大范围内检查出土地利用发生变化的区域；利用基于 GPS 的实测数据则可及时更新和修正 GIS 数据库中所存储的数据；采用 GIS 所提供的一些分析功能，包括空间分析工具，可以进行数据管理和处理，科学分析当前土地利用情况，这一切可以为土地更加高效的利用、规划和管理提供最基础也是最必要的数据支持。

（2）便携式数据处理技术

伴随着导航技术的不断成熟和广泛应用，人们的生产生活越来越不再受空间距离的限制，各种成熟的高新技术应用于测绘行业对测绘行业的发展和变革产生了巨大的推动作用[75]。将这些技术应用于土地利用与管理工作中，可以减轻野外测绘的劳动强度和做到对数据进行及时更新，最终会优化不同类型的地理空间信息数据的采集、存储、处理和发布模式。值得一提的是，三维可视化的移动地理空间信息终端将成为改善测绘行业信息管理模式的一个重大突破。

（3）高端的遥感传感器数据获取与遥感影像融合技术

遥感传感器数据获取技术发展趋势向着多平台、多传感器、多角度（“三多”）和高空间分辨率、高光谱分辨率、高时相分辨率（“三高”）方面迈进[76]。利用基于“三多”和“三高”技术所获取的遥感数据，这些数据的精度更高、内容更丰富、数据质量更为可靠，这一切工作为保障土地利用工作顺利开展起到了关键性作用。

（4）直观的三维可视化与网络 GIS 技术

利用三维可视化技术可直观地感受建筑体的空间位置和设计构思中存在的问题，也会更加容易和及时暴露出设计中存在的疏漏和错误，及时发现问题和纠正。更为关键的一点是，三维可视化技术为土地管理者审查设计方案提供了更加逼真的方案图形场景。网络 GIS 的建立不仅打破了单机版土地信息系统在统筹全局上的局限性，也极大地丰富了与土地利用有关的信息，同时也加强了与外界的联系[77]。

5.1.2 土地利用信息化是新型城镇化的基本特征

在将信息化技术引入之前，土地利用管理工作主要依靠手工作业完成，效率低下，严重阻碍了土地管理部门实现对土地利用进行动态管理的进程，落后的土地管理技术手段一直是制约我国土地管理事业发展的瓶颈因素，特别是缺少现势性的实时动态信息[78]，不能及时地进行土地利用信息变更和规划方案调整。

中国特色新型城镇化的目标是发展集约型经济与构建和谐社会，通过与工业化、信息化和农业现代化交互，依托产业支撑和就业机会的增多，改善生态环境，城乡一体的城镇化道路[79]。新型城镇化的目标要求我们必须加强土地规模和利用方式的控制，一方面完成对城市规模的管理，又要防止土地资源的浪费；另一方面也要不断改进土地利用技术，最大限度地优化空间布局，从而保证城镇土地的有效利用和实现城市快速增长。

将信息化技术利用到土地管理当中来，可以更好地服务于土地管理部门日常事务的管理和决策。在新型城镇化的情势下，我们所要完成的目标就是建成一个全国范围内的体系完备、反馈迅速、高效运行的土地管理信息网络；在从国家到省到地再到县四级土地管理部门，分不同层次地建成功能完善和面向实际的集土地利用、地籍管理、市场管理和决策支持等各项功能于一体的动态信息土地利用管理系统；在 IT 的支持下，逐步实现国家对土地集中统一现代化的管理[80]。所以说土地利用信息化是新型城镇化基本特征。

5.1.3　土地利用信息化的主要问题

我们首先要做到的是了解当前信息化建设中存在的不足之处，并归纳总结各方面经验和教训，应重点考虑以下几项问题。

（1）信息化建设需要法规和标准作为重要技术支撑和保证。当前，我国在土地信息系统建设领域表现出很多问题，例如无序、重复和低水平等等。针对这些弊病，我们要急切制定土地信息的分类存储和编码的规则依据以及如何评价的体系。

（2）建立土地利用现状数据库，利用数据库技术将这些土地利用现状存储起来，这些数据的存储和管理更新对于我们的所有工作的开展都是铺垫，也是必不可少的支持。它应该以全国土地利用现状图和县级土地利用汇总数据为主要数据源进行建立，从而实现对全国范围内的土地详查和变更调查的成果和数据的动态管理和利用，为作出合理决策提供强大的信息支持。

（3）GNSS 技术、RS 技术、GIS 技术等先进技术应用于土地利用的动态监测。近年来，随着以无人机为平台的低空摄影测量的发展，由于其获取影像机动灵活、影像分辨率高、受气象条件影响较小、成本低等优势，被广泛应用于土地利用动态监测中。利用 GNSS 技术、遥感技术、无人摄影测量技术可以实现对土地利用的全天候、全天时的有效监测，并利用 GIS 技术对土地利用进行可视化管理、土地等级评测，建成全国土地利用宏观监测体系。

（4）我们应该还建成相应的全国土地利用管理综合信息统计系统。实现“地上查、天上看、网上管”的立体的土地管理信息体系，实现精细化的土地管理，利用网络互联互通，实现国家、省、市、县、乡的土地利用联动管理，从单项土地管理到探索以规划管理为切入点的动态管理，最终达到“以图管地”“一张图管地”的工作模式[81]。实现土地管理的高效运行，促进新型城镇化的建设。

《关中－天水经济区发展规划》提出了“建设大西安，带动大关中，引领大西北，加快西咸一体化建设进程，着力打造西安国际化大都市”的任务，我们遵循科学发展观、可持续发展思想，研究和探讨我国新型城镇化发展方式下的西咸新区土地利用三维信息化系统的关键技术、主要功能和应用。

5.2 系统需求分析

西咸新区位于西安与咸阳接壤处，总规划面积为 882km^2（如图 5.1 所示），建设用地规划面积约占总面积的 31%，目前处于建设期。为了适应管理部门对新区土地、规划等资源科学管理的需求，提高新区管理的信息化，我们利用三维地理信息系统、海量数据管理、网络通信和高性能计算机技术等高新技术进行野外数据采集、工艺化批量生产和制作大比例尺数字高程模型、数字正射影像、数字地表模型、数字线划图等基础测绘成果，建立全区 1 ： 2000 比例尺的三维地形场景，并基于数字高程模型、数字线划图、数字正射影像图等基础地理信息建立系统数据库，开发三维地理信息管理系统[82]，实现西咸新区三维地理信息数字化、网络化、可视化，将西咸新区建设成具有世界影响的秦汉历史文化聚集彰显区和西安国际化大都市生态田园信息化示范新城。

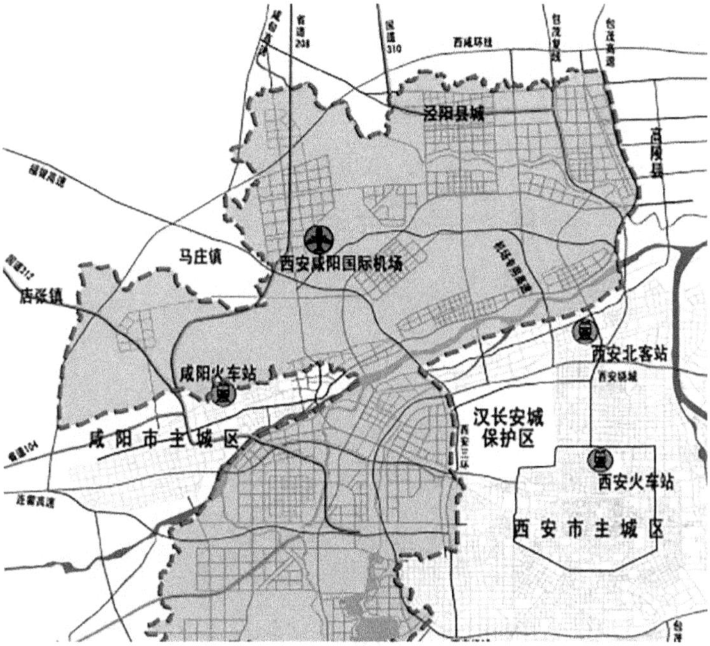

图 5.1　西咸新区范围图

该系统的构建在本着工程施工原则、易用性原则、开放先进性原则、稳定可靠性原则、标准规范性原则、可维护可扩展性原则的前提下[83]，实际工作主要从下列的三个方面进行。

1）系统地理空间框架建设。采用现代高新技术进行野外数据采集，工艺化批量生产和制作 1 ： 2000 比例尺数字高程模型（DEM）、数字正射影像（DOM）、数字地形模型（DTM）和数字线划图（DLG）成果。

2）系统数据库建设。地形地貌、居民地等基础地理信息以及效益评价指标体系数据库入库工作。

3）系统平台建设。开发三维地理信息系统平台，实现数据查询、浏览、定位、量测、分析以及实现效益自动评估等功能[84]。

任何一种系统在建设初期，在简单、易于操作的系统界面基础上，首先应具备常用的基本功能，然后再扩展其他功能，最后通过不断地扩展建成具有健全功能的决策支持系统。因此，系统建设必须具备较好的可扩展性和图文并茂的界面[85]。再者，从可持续发展的长远角度来看，系统开发要保持先进性、开放性、稳定性和可扩展性，就必须按照国际的通用标准，运用最先进的计算机技术。

5.2.1 功能需求分析

（1）三维漫游功能

此系统建设的初衷就是实现信息的三维可视化，因此要求此三维地理信息系统能够通过相关参数的设置来实现多种浏览方式的任意切换，从而，我们可以对三维立体显示的内容进行放大、缩小、漫游和灵活的旋转等操作。我们可以通过鼠标、键盘甚至游戏手柄等多种运动控制模式来实现三维场景的左转、右转，向左和向右移动，前进、后退，各种视角、不同方位和速度、任意视点、任意俯仰角的查看，并保证转换画面流畅[86]。为了方便用户，此系统需能够让用户以自动漫游和手动漫游的方式，以指南针和地图导航两种定位和导航方式，根据用户的需求建立可视化的三维场景漫游、动画制作、地物 360 度环绕浏览、预先设定路线的三维飞行模拟等功能[87]。

（2）数字地图功能

此系统以地理信息为基础，因此其在功能上必须要有数字地图的所有功能[88]。用户通过此系统可以进行快速查询、精确定位，对距离、高程、坡度、面积等数据进行量测、分析和模拟。

（3）系统效益评估功能

该系统是为土地管理来服务的，并通过系统中的效益评估来衡量土地管理的合理性。土地管理带来的效益是一个综合性、体系化的效益集合体，它通常涉及经济效益、社会效益、生态效益和景观效益。将建立的效益评价指标体系录入系统中，以便实现西咸新区土地管理的效益自动评价。

（4）系统管理功能

出于对系统安全性着想，系统必须具有维护、权限设置、日志记录等管理功能。系统维护人员可以有效利用系统中的各项功能，高效地处理海量数据及其网络发布[89]。系统需根据数据的查看和修改等级、功能等级对不同的系统使用人员进行权限设置。另外，系统的所有的操作和管理必须在日志中进行记录，方便系统的返退。

（5）系统集成

由于系统的信息共享性和可扩展性，系统必须要具有多源数据的整合功能，并且提供有效的二次开发接口[90]。这样，系统才能叠加调用多源数据，拓展行业应用的广度和深度，实现数据信息共享与交互操作，为进一步开发打下基础。

5.2.2　性能需求分析

（1）时间性能分析

衡量某个系统的重要指标之一是系统的响应（应答）敏感度。在本系统中，一般查询的响应时间不超过 10s。

（2）可靠性与灵活性分析

系统的可靠性，是指正确执行数据处理操作，系统所消耗的时间，也就是系统的无故障执行指定事件的概率。本系统要求平均无故障年运行率达到 99.9% 以上，这样系统能满足任意时间多人同时操作使用。系统在保证高可靠性的前提下，也必须具有较高的灵活性[91]。因为系统开发采用组件模式，不仅方便系统的升级，而且当系统数据库中表结构发生变化时，不影响用户的查询结果。

（3）故障处理性能分析

本系统对于任何除热键以外的键盘操作，任何非法或不合规范的数据格式都不识别。当由于操作者个人原因导致的重要的错误操作时，系统会弹出提示窗口，确认后再执行操作[92]。由于系统自身原因导致的故障，基本可以靠杀毒和软件升级解决。

5.3　系统总体框架设计

本系统是一个多元技术集成的系统（如图 5.2 所示）。我们在保证系统的开放性、标准化的前提下，可以通过相应的代理服务器软件来有效控制非授权用户的访问，从而保证系统的安全可靠性。另外，系统必须要有合理的物理体系结构和先进的技术体系结构。本系统的建设着眼于区域三维信息化管理的未来发展，运用网络技术、B/S、C/S 应用技术，把当前通用的平台、GIS 平台和数据库管理系统作为系统后台支撑，以此达到系统集成的目的[93]。

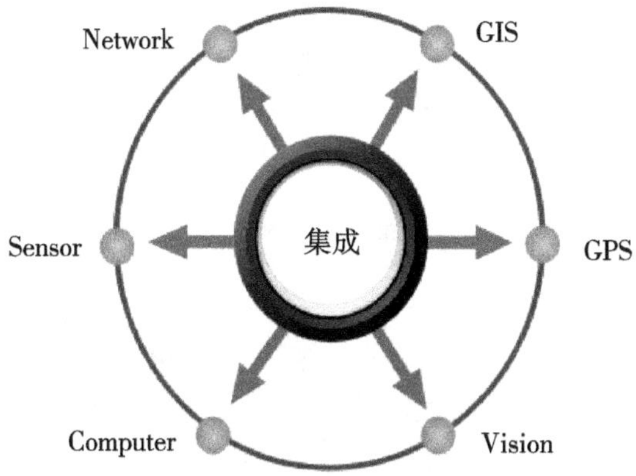

图 5.2　多元技术集成示意图

该系统的物理结构设计分为用户层、应用层、数据层和技术层四个等级。层与层之间通过相应的协议或模式结构进行串接（如图 5.3 所示）。

（1）用户层

用户层面向的是各种不同层次的用户，实现决策来支持每一个系统的应用操作和表达。它的作用是可以让各子系统间的信息实现交互和共享，而这是通过对下层功能组件进行重组和各子系统的连接和功能调用来完成的[94]。

（2）应用层

应用层是本系统物理体系结构的顶层，各子系统功能逻辑组件的集合。在满足各类规范和标准的前提下，我们可以在应用层进行信息查看、定位查询、三维浏览、空间量算、三维分析等功能操作。本系统采用已经成熟的 C/S 结构和 B/S 结构相结合的混合模式来满足系统的应用需求[95]。

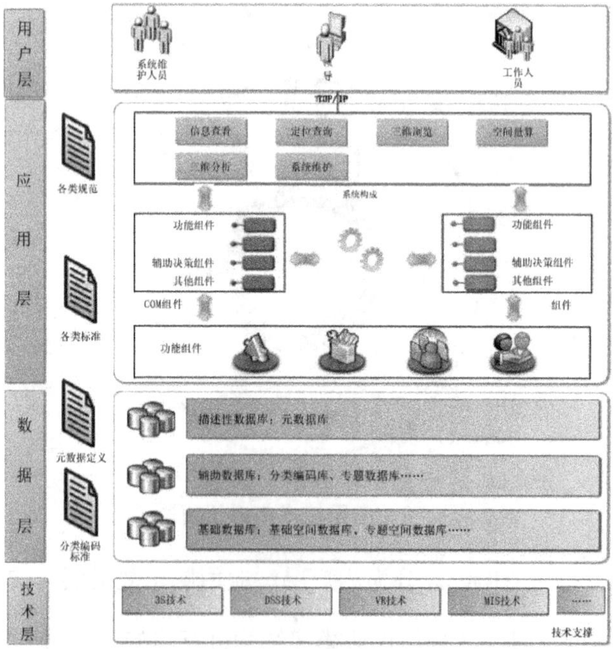

图 5.3　本系统的物理体系结构

1）Client/Server 结构。采用 Client/Server 结构不仅可以在大数据处理时满足用户处理的需要，而且各部门通过内部局域网以 TCP 协议与数据库服务器连接，保证高安全性要求特定用户群大流量数据资料的安全性。

2）Browser/Server 结构。Browser/Server 结构模式将数据服务器、应用服务器、浏览器三个层次的功能进行分配。其中，数据服务器用于存放数据，应用服务器用于提供各类服务部件来访问数据服务器和响应客户端的请求，浏览器端口只能显示结果和发出请求[96]。我们只需在应用服务器端进行系统维护，操作较为简单。

（3）数据层

本系统数据层由基础数据库、专题数据库、空间数据库等构成，逻辑性很强。

（4）技术层

本系统以 GIS、GPS、海量数据处理、三维场景展示等技术作为主要的技术支撑。以空间信息为基础，以 GIS 为核心，将 VR 与二维 GIS 集成，实现二维和三维之间的统一开发、切换和共享操作，使系统在技术层次和应用层次上都能够达到一个比较好的效果。

5.4　系统地理空间框架设计

本系统地理空间框架建设主要包括野外影像数据的获取、野外加密控制点的获取、大范围 1 ∶ 2000 比例尺数字高程模型和数字地表模型的建立、大范围 1 ∶ 2000 比例尺数字正射影像和数字线划图的制作等[97]。通过广泛、深度的调研分析，我们确定采用小型固定翼无人机航测的技术方案。

5.4.1 野外影像数据的获取

野外影像数据的采集是系统地理空间框架建设的关键，其所获取影像质量的好坏将直接决定三维测绘数字产品制作的精度[98]。

（1）测区的基本概况

本测区位于西安北部，为平原地区，平均海拔 400m 左右，最高海拔 470m。测区中分布有较多居民地、道路等。测区地处大陆内部，属于暖温带半湿润大陆性季风气候，四季分明，春季气候多变，夏季炎热多雨，秋季凉爽、雨水较多，冬季则显干冷、缺少雨雪。全年平均气温 13℃。其地理位置如图 5.4 所示。

（2）数据成果技术指标和要求

该测区采用 1980 西安坐标系和 1985 国家高程基准，高程精度均要求在 5cm。此次航测采用的相机焦距 36.05499 mm，像元大小为 4.88 μm，地图投影采用高斯 – 克吕格投影，按 3° 分带。按航飞区域最大面积成图，成图比例尺为 1 ∶ 2000。其航测技术指标如表 5.1 所示。

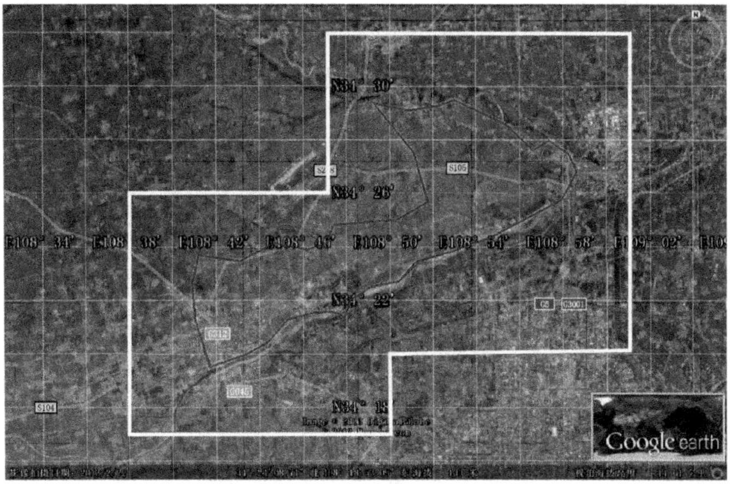

图 5.4　西咸新区空域申请范围

表 5.1　航测技术指标

飞行状态	相对航高	400m
	航速	110km/h
数码航片	航片地面空间分辨率	0.1m
	航片的航向重叠度	65%
	航片的旁向重叠度	35%

5.4.2　数据处理和基础测绘产品制作

数字正射影像图（DOM）是利用航摄像片或遥感影像，经像元纠正，按图幅范围裁切生成的影像数据[99]。由于 DOM 具有较高的精度、拥有丰富的信息等特点，它可以用来衡量其他数据的精度、完整性和现实性；可从其包含的各种信息中提取工程建设、规划等所需的社会信息；也可以从中提取和派生新的信息，修测更新地图。在水利水电领域，DOM 被广泛应用于水利水电规划设计、移民安置、淹没赔偿、防洪、开发水能、发展航运、灌溉、水土保持、治涝、工业供水及城乡生活用水、水产养殖、水源保护、水利发展与生态环境调查与可持续发展研究等诸多方面。如今，DOM 的产品存在于各种摄影测量的生产中，但是因为生产中技术和要求的不同，它们的技术流程却不尽相同，其技术流程如图 5.5 所示。

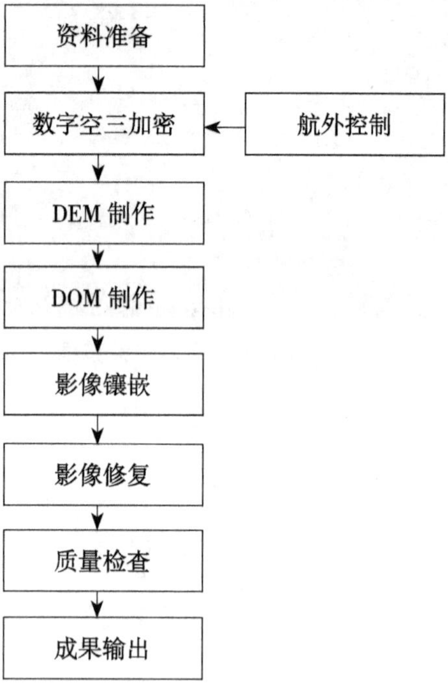

图 5.5　数字产品制作流程

（1）资料准备

资料准备包括像片索引图、航摄仪器技术参数资料、飞行记录资料、测区内现有小比例尺地形图、区域网外业像片控制点点位略图、区域网外业像片控制点成果表、区域网外业像片控制点刺点片等。

（2）数字空三加密

航空摄影测量中空中三角测量是很重要的一个环节，它为之后的影像纠正和数字高程采集过程，以及工作人员提供定向结果，像片定向点大地坐标和像片外方位元素是空中三角测量的主要成果。

空中三角测量主要步骤为：搜集前期资料、布置内业加密点及测量、相对定向、空三的区域网平差、影像接边、检查精度、提交成果。

（3）数字高程模型制作。

数字高程模型是制作数字正射影像的基础资料，利用 VirtuoZo NT 采用规则矩形格网制作 DEM 有两种方法。

1）第一步：“产品”→生成单片 DEM；第二步：“高级”→ DEM 拼接与裁切；第三步：质量检查。

2）第一步：把立体模型上采集的地物碎部点三维坐标展到 cass 软件生成等高线，保存为 dxf 格式；第二步：“文件”→引入→地形数据文件（*.dxf）→ DEM 输出；第三步：质量检查。

根据生产实际经验，第二种方法比第一种方法生成 DEM 数学精度要高，而且输出的 DEM 模型为整个区域的，无须拼接，减少了拼接精度的损失，我们选择第二种方法，其数字高程模型局部图如图 5.6 所示，对应区域等高线如图 5.7 所示，所对应的实际地面区域如图 5.8 所示，滤波图如图 5.9 所示。

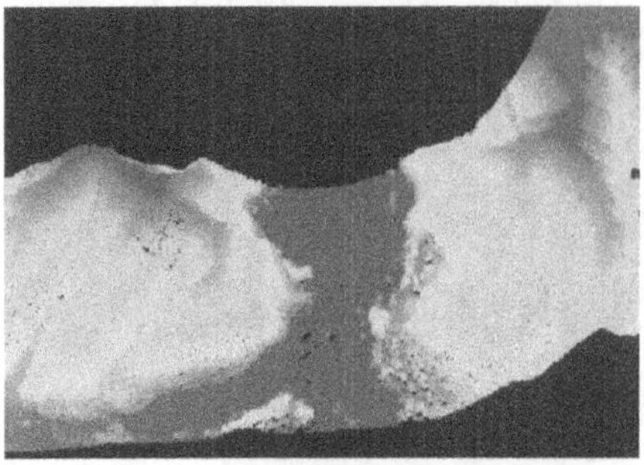

图 5.6　数字高程模型局部图

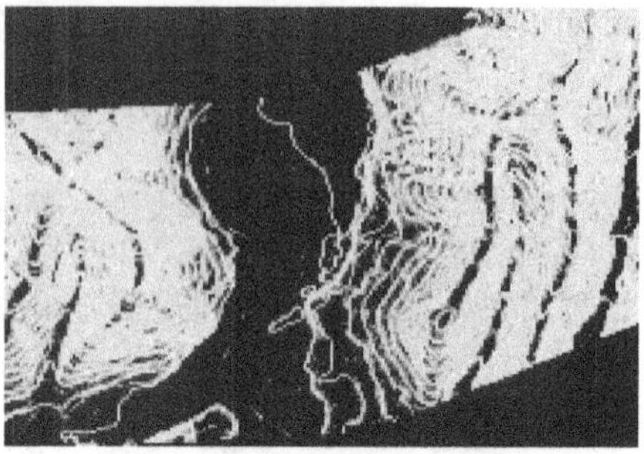

图 5.7　等高线局部图

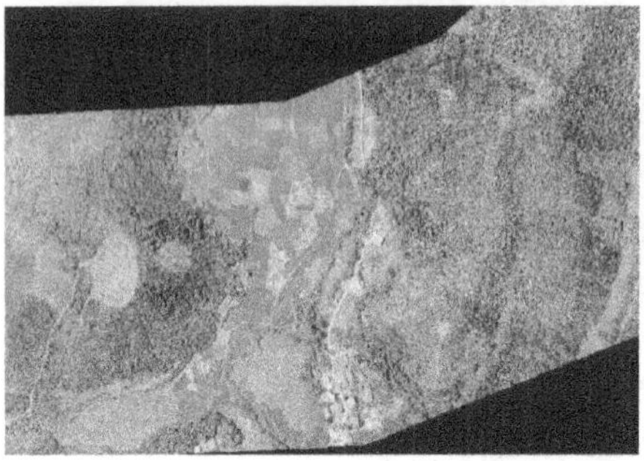

图 5.8　对应的实际地面区域

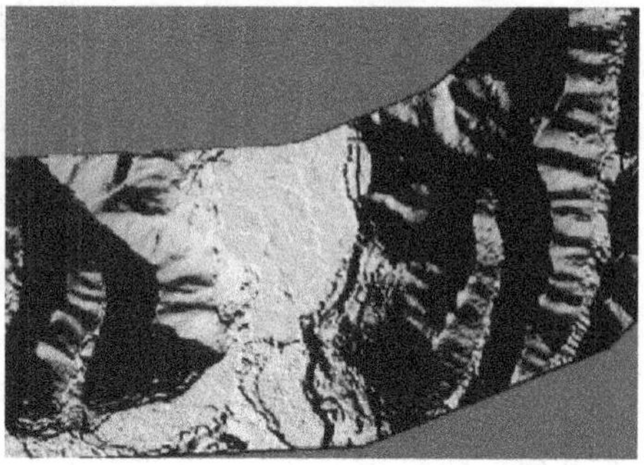

图 5.9　滤波图

（4）数字正射影像制作

DOM 制作采用立体建模微分纠正方法或单片微分纠正方法进行。主要生产流程：设置正射影像参数→选取 DEM 文件→添加原始影像→添加相机参数→正射纠正→正射影像镶嵌→影像修复→图幅裁切；其中正射影像参数主要设置地面分辨 0.2、成图比例尺 1 ： 2000，选择核线影像参数，一般选择水平核线[100]。

（5）产品质量检查

DOM 的产品质量检查分为几何精度检查和影像质量检查。

几何精度检查方法可用下列方法：

1）野外的实地检测；

2）叠加线划图法：把数字地形图与相应的 DOM 叠加，在图上均匀地选取适当的地物点，比较其精度，在一、二级质检组内，抽查 20% 的比例；

3）栅格地图叠加法：在 MapGIS 或 MicroStation 等软件中将栅格地形图进行纠正后与图幅 DOM 进行叠加，寻找相同地物进行比较。本测区经野外检测，平面精度为 ±0.2m，满足规范要求。

正射影像的影像质量检查主要指影像的色彩、亮度质量。一般主要看色调是否均匀，反差及亮度是否适中，影像上是否存在斑点或其他原因造成的信息缺失等。测区影像色彩均匀，亮度适中，如图 5.10 所示。

图 5.10　1 ∶ 2000 正射影像图（局部 1 ∶ 5 显示）

5.4.3　误差分析

（1）主要误差源

误差源主要来自影像和地形图的精度和处理过程。

1）地形图误差源：数字化过程中采样点的精度、分辨率、属性赋值等都可能出现误差。由于可视化方面功能的需求，在参与的数据可视化模块，需要改变其位置和标注等，因此这一过程中会产生误差。

2）影像误差源：首先地形起伏以及相机姿态角的变化会产生影像畸变；另外，同一地物在影像上的灰度可能与其实际灰度不一致，使影像失真。而影像自身也会存在某些畸变，导致影像质量的下降。

（2）数据质量控制

针对地形图、影像可能存在的误差，采用恰当可行的方法，对其进行质量控制，确保真实性。

1）地形图数字高程模型：在内业处理过程中，利用三维展点法删掉地形图数据中不正确的点。为使三角网构成方式切实符合实际地形，在生成三角网的过程中，采取必要的人工干预。

2）影像：对采集的影像进行预处理，主要通过图像的畸变纠正来消除图像的失真，确保影像位置表达与实际相符。

5.5 系统数据库设计

5.5.1 系统数据库概述

系统数据库的建设必须首先参考国家级的各种规范、规程、图式、标准来制定，在其不能满足要求的情况下，再参考地方行业的各种规范、规程、图式、标准，这样才能满足系统数据库设计对规范化和标准化的要求。

系统数据库实际上是一个完整的数据库体系，由基础地理信息类数据库、专题信息数据库、维护数据库组成，其目的是将信息管理中的纷繁复杂的信息进行高度概括。因此，我们需要充分考虑未来系统数据扩展的要求，保证系统数据进一步的扩展[101]。庞大的数据集合在统一的坐标系统和统一的编码规则下实现了空间数据和属性数据的统一管理，从而保证逻辑上的整体性。另外，为了防止数据的破坏和丢失，我们建立了数据备份及数据访问的安全机制。

5.5.2　系统数据库的总体设计

本系统利用遥感影像数据、基础地形图、行政区划数据和基础地理数据库作为此系统的主要的数据建设内容（如表 5.2、表 5.3、表 5.4 所示）。故我们采用地理信息系统的空间数据模型来实现空间数据、属性数据、栅格数据、DEM 数据等的统一管理[102]。通过空间数据库引擎进行管理，保证数据的一致性、安全性和管理的高效性，实现一张图管理。其系统数据库的总体设计如图 5.11 所示。

表 5.2　基础地形图

序号	数据	范围	精度
1	1 ： 2000 地形图	测区	1 ： 2000
2	DEM	测区	0.2
3	DTM	测区	0.2

表 5.3　影像数据

序号	数据	范围	精度
1	正射影像图	测区	1 ： 2000

表 5.4　行政区划数据

序号	数据	范围	精度
1	区县界	最大限度包含测区	
2	乡镇界	最大限度包含测区	
3	村界	最大限度包含测区	

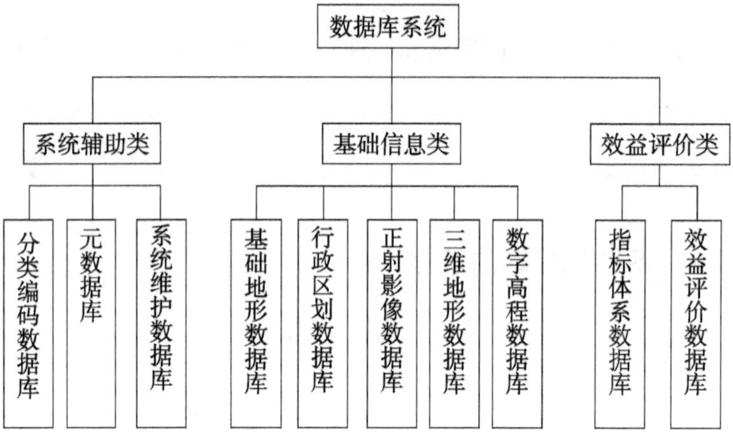

图 5.11　系统数据库的总体设计图

5.5.3　系统数据库的数据入库与数据集成

本系统由于数据来源的多样性、数据结构的特异性和数据的冗杂性，我们需要对建库原则、分类编码、分层方案、建库流程、设计数据转换接口等内容重新组织和整理，从而标准化多元异构数据，保证数据的交互和共享。另外我们充分考虑不同来源数据的多时空和多尺度特性，来实现多元空间数据的集成[103]。本系统数据库的入库流程如图 5.12 所示。

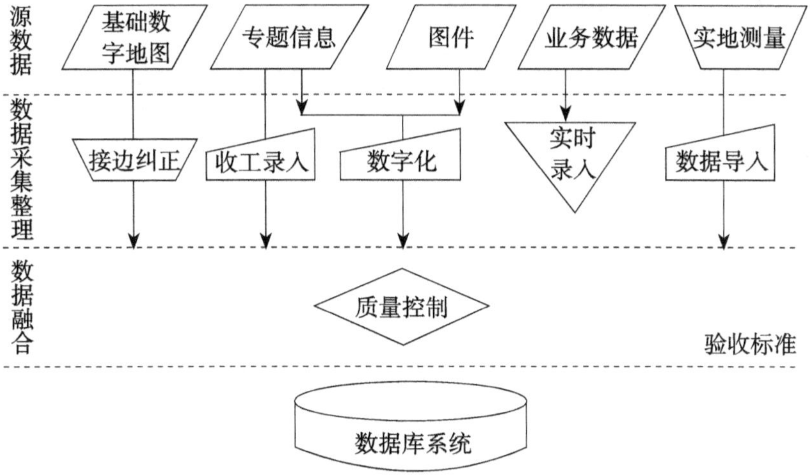

图 5.12　数据入库流程

5.6　基于系统平台的功能模块设计

该系统采用比较完善、流行的平台——GIS 平台和数据库管理系统作为后台支撑系统，在网络技术、B/S、C/S 应用技术的基础上，将数据库中大量的外源数据通过数据库管理系统引入到平台中，进行集成和整合，进而根据目的实现我们设计的功能[104]。本系统的功能前期大体如图 5.13 所示，后面会根据需要进行更多的功能设计。

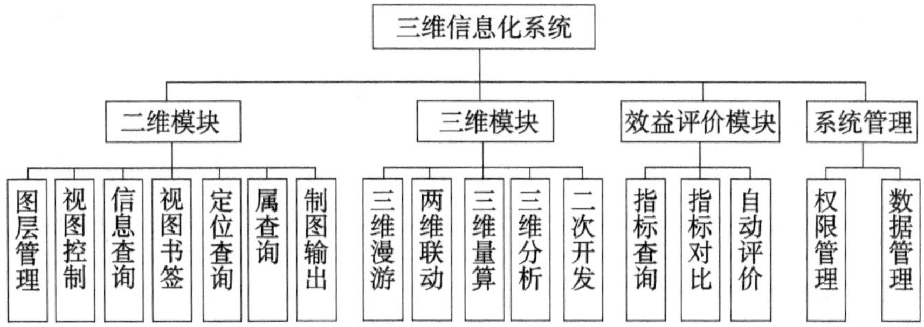

图 5.13　本系统的功能示意图

5.6.1 二维地理信息模块

本系统能对二维数据进行图层管理、视图管理、信息查看、定位查询等功能。

（1）图层管理

图层将空间信息按其几何特征及属性划分成不同的专题。GIS 图层在统一数据结构和空间分析方面有很大的优势。用户在应用图层控制模块时，可以利用其功能浏览、查询和分析该系统的空间数据。

如果地形图所包含的图层整体被看成一个逻辑图层，那么以控制图层的角度看待地形图，它本身就是复合图层[105]。

（2）视图管理

系统中，数字地图上可供工作人员看到的内容就是视图。而视图控制则是适当改变数字地图所显示的内容，控制方式有：变化视图的范围、视图比例大小。

放大缩小：由于工作的内容不同，需要空间数据的数量和详细程度也不一样，因此用户可以用鼠标在数字地图上圈出范围，进行放大缩小地图的视图比例。

漫游：数字地图的图幅大小是一定的，当放大到一定程度后，地图上可看见的部分不是空间数据的全部内容。那么此时用户可以用鼠标拖动地图达到展现整个地图视图的目的。

全景显示：用户可以通过设置数字地图的视图范围和系统数据的空间

范围一致来浏览查询所需的全部内容。

视图撤销恢复：如果用户在调整了视图范围后，想恢复之前的视图范围，那么就可以利用撤销功能实现；而恢复功能正是撤销功能的反向操作。

视图刷新：利用存在的空间数据强制刷新当前的视图内容。

视图书签：把某一视图范围命名保存下来，然后利用视图书签，可直接显示被命名的视图范围。

（3）信息查看

本系统所提供的信息查看功能不仅可以基于平面地图查看图形代表地物的属性信息，也可以基于三维场景模型查看模型对应地物的属性信息，还可以实现由图到文和由文到图双向信息查看[106]。

（4）定位查询

本系统所实现的定位查询可以分为三类：

1）地名定位。输入地名，将二维地图或者三维视角定位到地名表征的区域。

2）道路交叉口定位。二维地图或者三维视角定位可通过某两条道路名定位到它们的交叉口区域。

3）项目名称定位。输入建设项目的名称，将二维地图定位到建设项目表征的区域。

（5）制图输出

本系统可以针对二维数据，进行专题图的制作并输出打印、保存图片等。

5.6.2 三维地理信息模块

（1）几何量算

在本次系统中，几何量算有以下几个方面：三维面积、垂直测距、水平测距、斜距等。

1）距离计算。用户通常利用查找长度这一参数来描述线状地物。线状对象一般在矢量数据结构中表示为点对坐标（X，Y）或（X，Y，Z）的序列。点组成线，基于两点间的距离公式对矢量图形的长度进行量算[107]，假设空间两点 v_1（x_1，y_1）和 v_2（x_2，y_2），则两点间直线段的水平长度为：

$$d=\sqrt{(x_2-x_1)^2+(y_2-y_1)^2} \tag{5.1}$$

便可以得出折线与多边形周长的水平长度量算公式：

$$l=\sum\sqrt{(x_{i+1}-x_i)^2+(y_{i+1}-y_i)^2} \tag{5.2}$$

根据其原理我们可以推算出三维空间斜距测量公式：

$$D=\sum\sqrt{(x_2-x_1)^2+(y_2-y_1)^2+(z_2-z_1)^2} \tag{5.3}$$

折线斜距：

$$L=\sum\sqrt{(x_{i+1}-x_i)^2+(y_{i+1}-y_i)^2+(z_{i+1}-z_i)^2} \tag{5.4}$$

式（5.4）中，字母 i 是折线或多边形的端点数，通常可以按顺序求出折线或多边形中所有线段的长度，再对这些长度求和。基于此，我们可以进行水平距离、垂直距离、任意距离、折线距离的量算，其距离量测功能示意图如图 5.14 所示。

图 5.14　距离量测功能示意图

2）面积量算。该系统中利用梯形法求取面积，即按照所选取图形端点的顺序，求其与坐标轴所围成的梯形的面积，再对这些所得面积进行求和。

已知条件：所选图形端点坐标（x_1，y_1）（x_2，y_2）⋯（x_n，y_n），所选图形的形状并无要求，端点顺序既可顺时针也可逆时针。如图 5.15 所示。

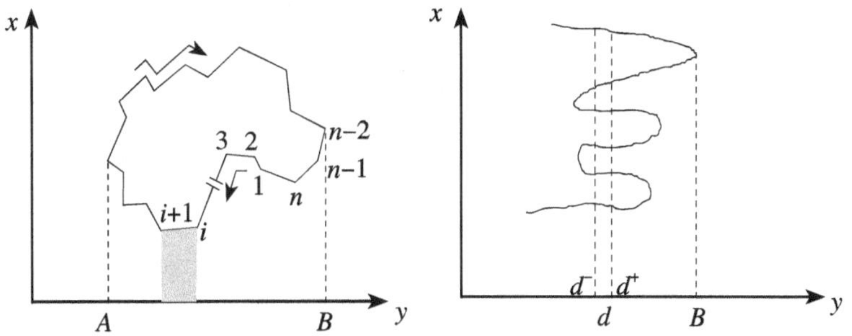

图 5.15　面积计算

利用辛普森公式求面积：

$$A=\frac{1}{2}*\left|\sum_{i=1}^{n}x_i\,(y_{i+1}-y_{i-1})\right|\begin{matrix}y_0=y_n\\y_{n+1}=y_1\end{matrix}\qquad(5.5)$$

由于按顺时针顺序求出的坐标点排列面积值是正值，而逆时针为负值，因此最后得到的结果全部取其绝对值。在此系统中，用户在三维空间中对所选的点计算面积时，由于每个点的高度可能不一样，因此由这些点组成的多边形并不在同一个平面上，那么此时用户可以用鼠标圈出空间多边形的范围，在视图范围的左上角可以即刻显示空间多边形的面积[108]。

3）表面距离量算。本系统可以沿地表起伏进行量测，即量测两点间地表的距离，如图 5.16 所示。

图 5.16　表面距离量测

4）表面面积量算。本系统可以任意选择范围，量测该范围内的地形表面积，如图 5.17 所示。

图 5.17　表面面积量测

5）高程量算。本系统可以查询三维场景中的虚拟地物属性，而且任意点的三维坐标也可得到，如图 5.18 所示。

图 5.18　高程量测

（2）三维漫游

该功能可以使用户利用不同的浏览方式，从任何角度和位置自由浏览系统中的三维虚拟场景。系统能够模拟人在地面上行走或者在空中飞行等，以这样的漫游浏览方式，用户通过鼠标或键盘就可以拥有步行或乘坐飞机、汽车的感受，而且还可以从不同视角、方位，以不同的速度，身临其境、全方位地观看区域地形[109]。该功能主要有手动漫游、路径漫游、绕目标漫游等基本方式。

1）手动漫游。手动漫游是用户操作鼠标、键盘或系统界面等手动控制观察点在场景中的位置和方向。用户在虚拟场景中，可以手动控制观察视角，可在前、后、左、右、上、下方向移动，从不同的位置浏览目标；用户在控制视点方向时，可在虚拟环境中绕三轴方向前后翻转、倾斜翻转和左右旋转等，这样便可以不同的视角浏览目标[110]；用户也可以模拟人在不同位置和角度上随意浏览虚拟环境中的目标。

2）路径漫游。用户可提前规划浏览路线，沿路径漫游按预先设定的路线开始漫游，在这期间，用户可以选择观察目标。与此同时，系统将视点始终对着目标的方向。

三维漫游的实效性如图 5.19、图 5.20、图 5.21、图 5.22 所示。

图 5.19　线路经漫游实效图

图 5.20　平视实效图

图 5.21　绕目标漫游实效图

图 5.22　俯瞰漫游实效图

3）绕目标漫游。用户选择这项功能，即可在某一高度下，以适当的速度在虚拟场景中进行绕目标的飞行。通常这一高度为该目标中心位置的高度。漫游参数设置功能可以设定速度和飞行半径。

（3）二三维联动功能

本系统包括二维、三维两种模块，可同时在两个窗口显示。用户操作其中一个窗口时，另一个窗口会依据被操作窗口的改变而进行实时、快速调整。在二三维联动情况下，当鼠标指针在二维窗口移动时，三维场景跟着一起动，这极大地方便了目标场景的定位，能快速定位到目标场景。

（4）三维分析

本系统在三维视图环境中，以 GIS 数据模型为基础，可进行剖面分析与绘制、坡度坡向分析、土方分析计算、路径分析、通视性分析、缓冲区分析等分析功能[111]。

1）剖面分析与绘制。如图 5.23 所示，在三维地图上，沿地表某直线方向上输出垂直剖面图可进行地形剖面分析。通过内插法求出剖面线与网格交点的高程值，然后连接各交点，通过曲线插值平滑曲线，其绘制剖面线过程如图 5.24 所示。

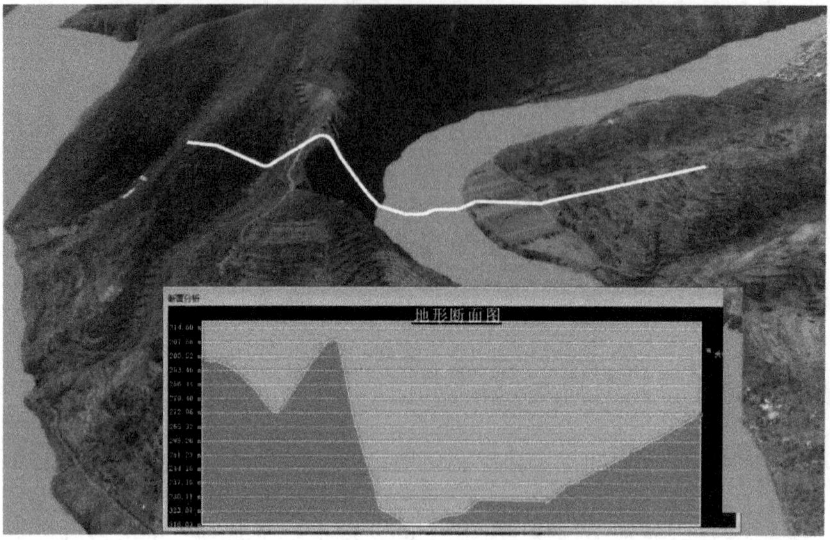

图 5.23　剖面分析功能效果图

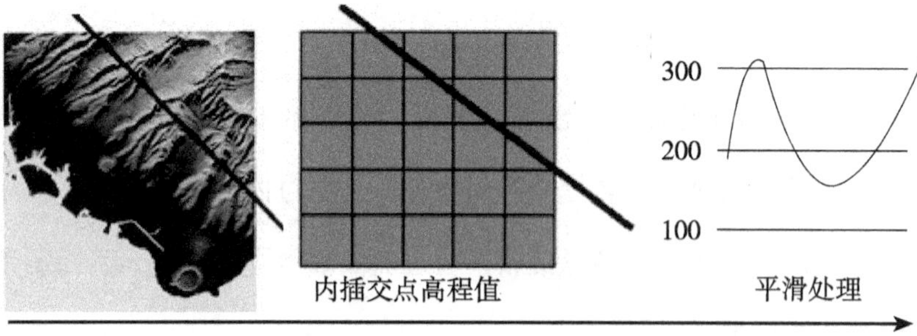

图 5.24　坡面线绘制过程图

2）通视分析。通视可按维数分为三类：点通视（视点与待判定点之间是否可见）、线通视（已知视点与计算视点的视野）、面通视（计算视点可视区域的集合）。本书利用的是点通视。在 GIS 中，用户可以看到不同海拔的观测点的真实影像，而这一点在平面图中几乎是不能实现的。对于三维视图中的任意两点，系统会自动对它们的起点高度、终点高度、通视半径等内容进行分析。视图中，红色表示两点间不能通视，反之用绿色表示，如图 5.25 所示。

图 5.25　通视分析

3）土方计算。本系统利用方格网法来计算土方，首先布置方格网，系统会自动化地获取地形标高，然后输入或计算标高值，从而算出土方量；在满足设计需要的前提下，尽量达到土方平衡以及土方总量最小的目的，其功能实效如图 5.26 所示。

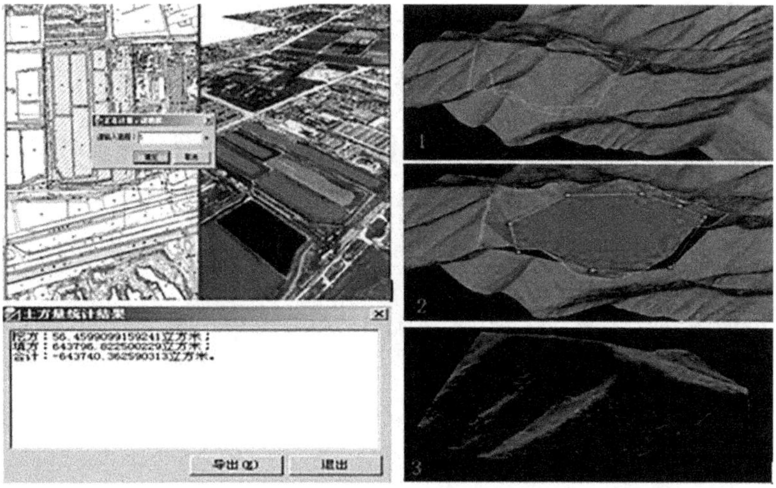

图 5.26　分析土方计算功能效果图

4）缓冲区分析。缓冲区为地理空间中的一种影响范围或服务范围。其对沿街房屋的拆迁、遗址的恢复等具有重要的意义。本系统能够实现缓冲分析的功能，其根据数据库中的点线面等实体数据，自动建立一定搜索范围的区域完成分析功能[112]，其线条缓冲区分析如图 5.27 所示。

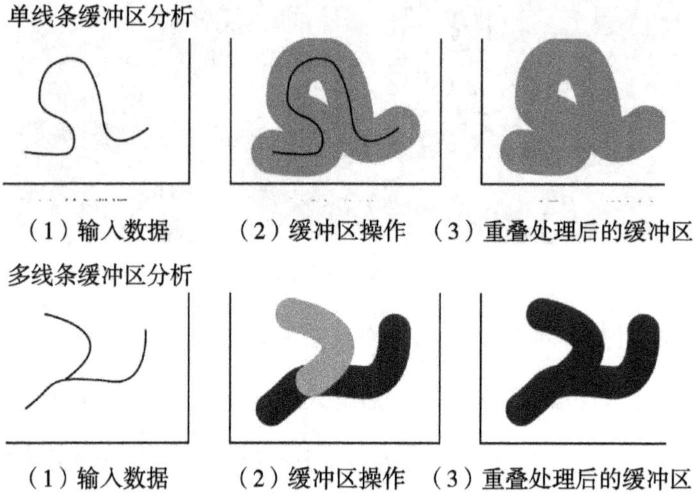

图 5.27　线条缓冲区分析图

5）最优路径分析。路径分析是本系统最基本的三维分析功能，其核心是对最优化路径进行求解。在本系统中，输入始点和终点，系统会根据数据库中的数据进行自动分析，给出两点之间实地最优化路径，如图 5.28 所示。

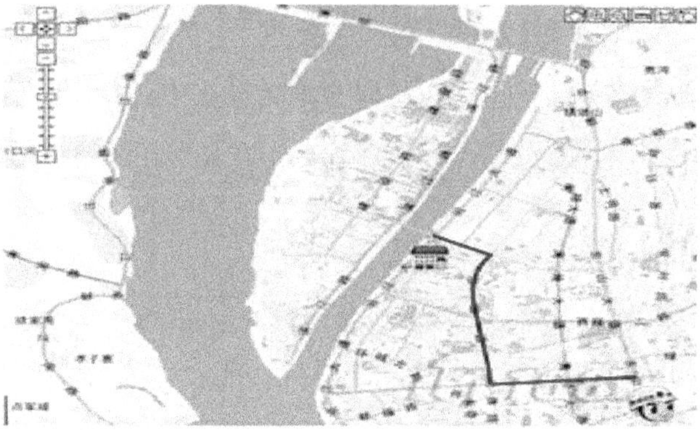

图 5.28　最优路径分析

（5）二次开发接口

本系统提供充足、有效的二次开发接口，使资源得到更好的整合，而且能够集成与信息化相关的系统，让有用的信息数据应用到区域的每项管理中。系统可与其他系统挂接，与其他数据库进行数据交换，为其他数据提供三维展示的平台。

5.6.3　效益评价模块

本系统将西咸新区土地利用管理方法实施前的各项效益指标值录入数据库中，以便指标值的查询。并将土地利用管理后最新的指标值录入数据库，与前些年的数据进行对比分析，这样就可以对西咸新区土地利用管理的经济效益、社会效益、生态效益和景观效益自动做出评价，进而来衡量土地利用管理的合理性。

（1）指标查询

建立系统时将设计的西咸新区效益评价指标体系数据库入库，并计算出每一指标的权重值。本系统可以任意查询准则层即经济效益、社会效益、生态效益和景观效益的权重，也可以查询指标层中各指标的值以及各指标对应的相对权重和组合权重。使西咸新区的地均 GDP、人口密度、土地垦殖率等指标实现可视化。

（2）指标对比

系统中保存有每一年西咸新区土地利用管理效益评价指标体系中的各项指标值，将土地利用管理后统计的最新指标值录入系统中，并将该指标值与土地利用管理前的每一年的指标值进行对比。

（3）自动评价

本系统可以对每一年统计的效益评价指标值进行对比，并根据每一指标的属性自动作出评价。如经济效益中的“地均 GDP”的属性为正，若土地利用管理后其值有所增加，说明其对促进经济效益的增长是有益的；社会效益中的“65 岁以上人口比重”的属性为负，若其值有所增加，则不利于社会效益的增长；生态效益中的“绿色植被覆盖率”的属性为正，若其值有所增加，则有利于生态效益的增长；景观效益中的“格局破碎度指数”的属性为负，若其值增加，则不利于景观效益的增长。

5.6.4 系统管理模块

本系统可以对不同角色、不同用户进行权限的管理，并可以查看用户登录记录。同时，系统具有良好的帮助系统[113]。

（1）权限管理

本系统可以创建、修改、删除用户和用户组，并能够设置新用户所属的用户组；可以添加、修改、删除数据权限点和功能权限点；配置用户组的功能权限和数据权限。

（2）数据管理

系统可以对空间的属性信息进行编辑和维护，删除和更新指定图层的数据，并使用 Oracle 逻辑备份机制，实现整个数据库、指定方案、指定表的备份与恢复。

5.7　本章小结

本章从建立西咸新区三维信息化系统的功能、性能需求方面出发，提出了建立的系统所包括的功能和性能。首先对土地利用管理信息化所涉及的现代化测绘技术、作用和发展做出描述，指出土地利用信息化是新型城镇化的基本特征，并且提出了现在土地利用信息化存在的主要问题，分析了系统的总体框架、系统的物理框架和系统地理空间框架建立的一般过程，接下来阐明了系统数据库的总体设计，从系统辅助类、基础信息类和效益评价类三方面进行设计，最后对基于三维信息化系统平台的功能建设进行设计和说明，包括二维模块、三维模块、效益评价模块和系统管理四方面的功能模块。

第 6 章　西咸新区土地利用的效益评估

6.1　土地利用效益评价内容与方法

6.1.1　效益评价原则

（1）借鉴性和吸收性

通过对土地管理的效益评估，对土地利用规划分析，深入研究新型城镇化视角下土地利用的发展规律。新型城镇化的目标及研究理论与土地利用效益评价的密切联系，土地利用效益评价可以借鉴和吸收上述理论的部分思想和方法，丰富和完善乡镇土地利用效益评价体系[114]。

（2）整体性和层次性

土地利用系统是一个巨大庞杂的系统，是子系统组成的生态经济系统，是一个完整的有机体；同时土地利用管理系统也是多层次的，可以纵向划分，而纵向又可以划分为耕地、林地、交通用地和水域等。

（3）科学性和客观性

每一种土地规划的方式不同，其管理效益评价也是不同的，都有它们特定的要求。不同区域的土地利用效益评价应该有不同的评价依据，评价指标的选取不同，评价体系的差异也较大。因此，土地利用效益评价应注重科学和客观。定性分析是主观思维判断做出的对各种情况的分析，必然使得土地评价结果不够精准；定量分析使用各种数学模型，可以说相对比较准确、客观[115]。为了更好地进行土地利用效益评价，我们可以将两者结合应用，使得评价结果符合科学性，当然也会更加客观。

（4）预测性和参与性

土地利用效益评价可以对土地利用进行深入的研究，而且可以通过科学的深入的分析预测，在相关项目的效益评估上，选择最好、最佳、最便利的方案。对于利用管理的效益评价必须要权衡多方意见和利益，完善效益评价的指标体系，在完成评价需求的基础上实现综合效益的最优解。

6.1.2　评价内容

经济、社会、生态和景观效益是本书效益评价所涉及的四大效益，包括内部的效益和外部的效益。

（1）经济效益

土地利用是通过对土地的资源进行适当的加工和改造，将粗放型的模式向集约型的模式转变，来实现科学有序的管理。对于土地利用的管理效益的评价，就是采用分析投入和产出的方法来定性定量地评价，即包括微观上的获利、清偿和大方向上的国家的经济方面[116]。

（2）社会效益

土地利用的社会效益，指的是在项目过程中各种资源的投入所推动的就业和城乡发展等社会影响。社会效益可以说是重中之重，相对于经济效益，社会效益更加隐蔽和滞后，特点不容易被发现。

我们进行社会效益的分析有利于减少社会风险，提高经济效益，同时也维护了社会稳定[117]。

（3）生态效益

土地利用的生态效益评价，就是定性定量地评估在土地和设施方面的统一管理利用之后所带来的生态方面的利益，如森林面积的增加、水土流失的减少等生态结构的优化。

在项目研究区，未利用的土地得到了开发，废弃的、遭到自然或人为破坏的土地得到了复垦，道路、村庄等得到了整理，在一定程度上促进了生态环境的改善，使其向好的方向不断发展[118]。

（4）景观效益

斑块－廊道－基质模式为景观学中的基本空间格局，土地利用就是对土地板块的大小和房屋新的管理。土地、树林、人工湖形成了不同的景观[119]。美丽的景色带给人们美好的感受，人们更愿意去户外游玩，因为空气清新，环境好，这就是土地利用带来的景观效益。

6.1.3　效益评价方法

土地利用效益评价方法有统计预测理论方法、对比法、成功度法、逻辑框架法、模糊综合评判法等各种方法[120]。各种方法应用于不同的项目，所以要选择相应的方法。

（1）对比法

就是要通过观察最终的结果和项目进行中的状况效益目标与实施的效果，进行比对，发现不同。同样对不同的项目，我们分为不同的对比方法，适用于各种项目。

对比法中有一种特殊的对比法，即有无对比法。它就是根据项目预计的状况和最终的结果进行对比，这样能发现项目的最终效益及对其他事物所带来的影响[121]。

（2）模糊综合评价法

模糊综合评价法是一种极其科学的评价方法，考虑并涉及各种方面的要素，范围广而大，而且精确，所以能有效地评价不同项目的优劣。单层次综合评价模型和多层次综合评价模型，顾名思义，就指标层而言，多层次综合评价模型要比单层次综合评价模型多，结构更为复杂[122]。

（3）专家打分法

专家打分法就是专家多轮的评分、汇总、统计、征询和反馈，最终得出评价结论。这样的方法主观一些，是用主观思维去判断做出的对各种情况的分析，必然使得评价结果不够精准。

分析不同的土地利用效益评价方法，我们看到了它们的长处和不足，所以对于不同项目的种种方面，应该选择不同的比较合适的土地利用效益评价方法[123]。

6.2 土地利用效益评价指标体系的构建

6.2.1 评价指标选取原则

选取正确的评价指标，应该遵循以下相应的原则。

（1）系统性与完整性原则

系统涉及种种要素，应该全面地选择各种要素，而且各种要素相互之间彼此联系，彼此相结合，这样选取的要素会良好地反映出评价体系的完整和系统[124]。

（2）社会效益、生态效益、经济效益与景观效益相统一原则

社会效益、生态效益、经济效益与景观效益四效益是相辅相成，密不可分的。土地利用工作的到位，能够加强耕地维护和利用，有效解决人口过多与土地过少的矛盾。推动土地开发才能够保障粮食安全，促进经济快速增长，带来较好的经济效益和社会效益[125]。同时由于进行了管理，人们更愿意去户外游玩，因为空气清新，环境好，改善了农业用地质量，提高了产量，使经济与生态统一协调发展。

（3）对比性原则

该原则要求选取的指标在不同状态下具有可比性，这样才能保证效益评估的科学合理。

（4）科学性与可操作性原则

科学合理地选取评价指标，能够真正揭示效益评价中各指标的本质。此外，指标的选取必须具有可操作性，才能对问题进行具体分析，得出相应的结论。

6.2.2　指标体系的构建

遵照上述选取评价指标的基本原则，针对西咸新区土地管理效益评价的经济效益、社会效益、生态效益和景观效益四方面的内容，采用定性与定量分析相结合的方法，构建相应的效益评价指标体系[126]。

为了科学客观地评价土地管理项目所带来的经济效益[127]，评价指标应包括：地均 GDP、建设用地比例、居民人均 GDP、单位工业用地总产值、单位农业用地产量、第三产业比重和静态投资收益率。

为了科学合理地评价该项目产生的社会效益和影响，社会效益方面的评价指标可选取为：人口密度、65 岁以上人口比重、高等教育普及率、每万人拥有医疗床位数、地均社会就业人数和人均公共服务设施用地面积[128]。

对于新区的绿地覆盖、水资源利用、垃圾处理等方面的改善，可通过生态效益的评价来反映，对其评价指标的选取应包括：可再生能源使用比例、绿色植被覆盖率、水面占土地总面积比例、生活垃圾资源利用率、污水处理率和旱涝灾害率。

对于景观效益指标的分析主要从景观多样性方面入手研究。景观效益指标的选取为：格局破碎度指数、土地平整率、道路通达度、村庄建筑物整齐率、遗址保护用地比例。

效益评估的科学性和可靠性取决于评价指标的选取[129]，本研究结合西咸新区土地利用的实际情况和参照评价指标值的可获取性，确立评价指标体系，如表 6.1 所示。

表 6.1　西咸新区土地利用效益评价指标体系

目标层	准则层	指标层（单位）	属性
西咸新区土地利用管理效益评价指标体系	经济效益	地均 GDP（亿元 /hm^2）	正
		建设用地比例（%）	正
		居民人均 GDP（万元 / 人）	正
		单位工业用地总产值（亿元 /km^2）	正
		单位农业用地产量（t/km^2）	正
		第三产业所占比重（%）	正
		静态投资收益率（%）	正
	社会效益	人口密度（人 /km^2）	负
		65 岁以上人口比重（%）	负
		高等教育普及率（%）	正
		每万人拥有医疗床位数（个）	正
		地均社会就业人数（人 /km^2）	正
		人均公共服务设施用地面积（m^2/ 人）	正
	生态效率	可再生能源使用比例（%）	正
		绿色植被覆盖率（%）	正
		水面占土地总面积比例（%）	正
		生活垃圾资源利用率（%）	正
		污水处理率（%）	正
		旱涝灾害率（%）	负
	景观效益	格局破碎度指数（%）	负
		土地平整率（%）	正
		道路通达度（%）	正
		建筑物整齐率（%）	正
		遗址保护用地比例（%）	正

6.2.3　主要评价指标值的确定依据

土地利用的效益评估是通过指标体系中每一评价指标来体现的[130]，本书列举几种主要评价指标的确定方法和依据。

1）地均 GDP：是每平方公里土地创造的 GDP，反映土地的使用效率（可以部分反映此地的工业与商业密集程度）。该指标可以很好地反映产值密度及经济发达水平[131]，与人均 GDP 相比，它更能反映一个区域的发展程度和经济集中程度。

2）建设用地比例：即规划建设用地面积与项目区总面积的比例。

3）人口密度：人口密度 = 人口总数 / 项目区土地总面积。该指标可反映出新区确定的人口规模是否合理[132]。

4）人均公共服务设施用地面积：人均公共服务设施用地面积 = 所有公共服务设施的占地面积 / 项目区总人口。

5）绿色植被覆盖率：绿色植被覆盖率 = 植被面积 / 土地总面积 *100%。

6）污水处理率：污水处理率 = 污水处理量 / 污水总量 *100%。反映乡村人居环境的改善程度，有助于减少对生活环境造成的影响。

7）格局破碎度指数：破碎度 =（景观类型总数 −1）/ 区内景观总面积 *100%。破碎度用来表示景观被分割的破碎程度，反映区域内景观空间结构的复杂性，也在一定程度上反映了人类对景观的干扰程度[133]。

8）遗址保护用地比例：遗址保护用地比例 = 遗址保护用地 / 项目区总面积。西安、咸阳两市历史悠久，周秦汉唐等在世界范围内拥有重要影响的朝代都建都在此，具有极高的历史价值，该指标反映了土地利用对项目区历史文化的保护程度。

6.3 评价指标权重的确定与数据标准化

6.3.1 层次分析法的过程

指标权重的确定可以应用定性和定量的方法，常用的方法有：特尔斐法、等差法、回归系数法、层次分析法等。其中层次分析法（AHP 方法）是美国运筹学家 A.L.Saaty 于 20 世纪 70 年代提出的一种定性与定量相结合的决策分析方法。通过对复杂问题分解成按支配关系分组而形成有序递阶层次结构中的不同因素，由人们通过两两比较的方式确定层次结构中各因素的相对重要性，然后综合比较判断的结果以确定各个因素相对重要性的总顺序。它是一种将决策者对复杂系统的决策思维过程模型化、数量化的过程，体现了决策思维中分析、判断、综合的基本特征。层次分析法自正式提出后，由于其科学合理、简单易行的特点，很快就在世界范围内得到普遍的重视和广泛的应用。

其基本过程：首先分析问题的本质与要求，迅速作出一个目标方针[134]，而后层次分解该问题，利用相邻层次间的对比确定权重，直到确定出体系中的所有权重[135]，这样就可以得出权重系数表。可参见以下过程。

1）明确问题，提出总目标。

2）进行层次分析法确定权重，要建立层次结构（指标框架）[136]。在上文构建西咸新区土地利用效益评价指标体系时，明确划分层次[137]。

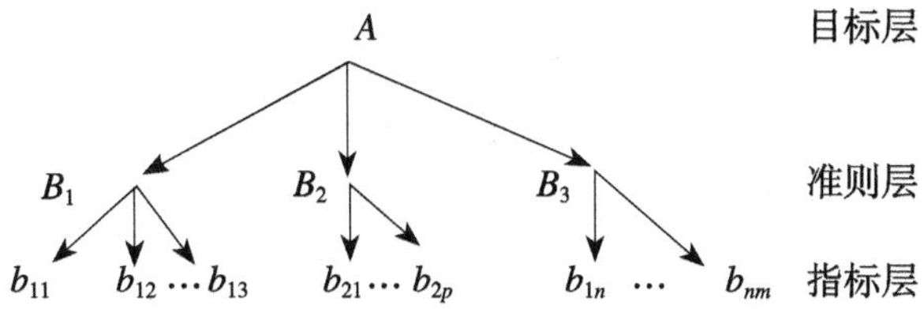

图 6.1　层次划分图

3）明确判断标度。对于任意两指标进行量化对比，层次分析法规定了范围 1 ～ 9 的标度分值，从指标 b_1，b_2，…，b_n 中任取 b_i，b_j 两指标，比较指标对 A 的贡献的大小，按照表 6.2 中标度分值对 b_i/b_j 赋值。

表 6.2　AHP 标度分值表

标度	定义（比较因素）i 和 j
1	b_i 和 b_j 一样重要
3	b_i 和 b_j 稍微重要
5	b_i 比 b_j 重要
7	b_i 比 b_j 很重要
9	b_i 比 b_j 绝对重要
2,4,6,8	两相邻判断的中间值
倒数	比较 b_j/b_i

4）构造判断矩阵。利用构造的判断矩阵，以及上述提及的标度分值表，并对各个指标进行量化处理。已得 b_i/b_j 赋值可以建立逆对称矩阵，如表 6.3 所示。

表 6.3　逆对称矩阵表

$\boldsymbol{A}$	$\boldsymbol{B}_1$	$\boldsymbol{B}_2$	$\boldsymbol{B}_3$	…	$\boldsymbol{B}_n$
$\boldsymbol{B}_1$	1	b_{12}	b_{13}	…	b_{1n}
$\boldsymbol{B}_2$	b_{21}	1	b_{23}	…	b_{2n}
$\boldsymbol{B}_3$	b_{31}	b_{32}	1	…	b_{3n}
…	…	…	…	…	…
$\boldsymbol{B}_n$	b_{n1}	b_{n2}	b_{n3}	…	1

记第 k 位专家对 b_i/b_j 的标度分值为 a_{ijk}，i，j=1，2，…，n，k=1，2，…，m；赋值按照几何平均值：$a_{ij}=\sqrt[m]{\prod_{k=1}^{m} a_{ijk}}$ 取值。

5）权重及最大特征值的求取。确定若干指标间的相对重要性顺序是层次分析法的主要目标，然后利用方根法来求取权重[138]。

计算判断矩阵 ***A*–*B*** 的每一行元素的乘积：

$$M_i=\prod_{k=1}^{m} a_{ij}\ (i=1,\ 2,\ \cdots,\ n) \tag{6.1}$$

计算 M_i 的 n 次方根：$\overline{w}_i=\sqrt[n]{M_i}$，则特征向量（权重）：

$$\boldsymbol{w}_i=\frac{\overline{w}_i}{\sum_{i=1}^{n}\overline{w}_i}\ (i=1,\ 2,\ \cdots,\ n) \tag{6.2}$$

最大特征值为：

$$\lambda_{\max}=\sum_{i=1}^{n}\frac{(Aw)_i}{nw_i} \tag{6.3}$$

6）一致性检验。引入 $\mathrm{CI}=\frac{\lambda_{\max}-n}{n-1}$来表示一致性。若 CI 越小，则偏离一致性的程度越小，越接近一致性。CI=0，表示一致。

引入比值 $\mathrm{CI}=\frac{\mathrm{CI}}{\mathrm{RI}}$用来判断矩阵 ***A*–*B*** 在一致性方面是否可以接受，若 CR ＜ 0.1，认为成对比较的判断矩阵可接受，否则就不可接受。其中 RI 为平均随机一致性指标，其值如表 6.4 所示。

表 6.4　1 ～ 15 阶矩阵的平均随机一致性值表

n	1	2	3	4	5	6	7	8	9	10	11	12	13	14	15
RI	0	0	0.58	0.90	1.12	1.24	1.32	1.41	1.45	1.49	1.51	1.54	1.56	1.58	1.59

6.3.2　专家打分表

表 6.5　四个一级指标相对于总目标的重要性情况

	总目标	经济效益 B_1	社会效益 B_2	生态效益 B_3	景观效益 B_4
专家 1	经济效益 B_1	1	2	3	5
	社会效益 B_2	1/2	1	1/2	3
	生态效益 B_3	1/3	2	1	3
	景观效益 B_4	1/5	1/3	1/3	1
专家 2	总目标	经济效益 B_1	社会效益 B_2	生态效益 B_3	景观效益 B_4
	经济效益 B_1	1	3	2	4
	社会效益 B_2	1/3	1	1/2	2
	生态效益 B_3	1/2	2	1	3
	景观效益 B_4	1/4	1/2	1/3	1
专家 3	总目标	经济效益 B_1	社会效益 B_2	生态效益 B_3	景观效益 B_4
	经济效益 B_1	1	4	1	3
	社会效益 B_2	1/4	1	1/2	2
	生态效益 B_3	1	2	1	2
	景观效益 B_4	1/3	1/2	1/2	1
汇总	总目标	经济效益 B_1	社会效益 B_2	生态效益 B_3	景观效益 B_4
	经济效益 B_1	1	3	2	4
	社会效益 B_2	1/3	1	1/2	2
	生态效益 B_3	1/2	2	1	3
	景观效益 B_4	1/4	1/2	1/3	1

注：汇总并不是取专家打分的均值，而是参考专家的打分和 AHP 标度分值表取值。

表 6.6　经济效益指标代码

指标名称	经济效益	地均 GDP	建设用地比例	居民人均 GDP	单位工业用地总产值	单位农业用地产量	第三产业所占比重	静态投资收益率
代码	B_1	C_1	C_2	C_3	C_4	C_5	C_6	C_7

表 6.7　七个指标相对于经济效益 B_1 的重要程度情况

	B_1	C_1	C_2	C_3	C_4	C_5	C_6	C_7
专家 1	C_1	1	3	1	4	1	2	1
	C_2	1/3	1	1/2	1/2	1	2	1/3
	C_3	1	2	1	3	3	4	2
	C_4	1/4	2	1/3	1	2	3	2
	C_5	1	1	1/3	1/2	1	2	3
	C_6	1/2	1/2	1/4	1/3	1/2	1	1/2
	C_7	1	3	1/2	1/2	1/3	2	1
专家 2	B_1	C_1	C_2	C_3	C_4	C_5	C_6	C_7
	C_1	1	3	1	2	2	4	2
	C_2	1/3	1	1/2	1/2	1	2	1/3
	C_3	1	2	1	3	3	4	2
	C_4	1/2	2	1/3	1	2	3	2
	C_5	1/2	1	1/3	1/2	1	2	3
	C_6	1/4	1/2	1/4	1/3	1/2	1	1/2
	C_7	1/2	3	1/2	1/2	1/3	2	1
专家 3	B_1	C_1	C_2	C_3	C_4	C_5	C_6	C_7
	C_1	1	2	1	3	4	3	3
	C_2	1/2	1	1/2	1/3	2	1	1/2
	C_3	1	2	1	2	2	5	3
	C_4	1/3	3	1/2	1	3	2	2
	C_5	1/4	1/2	1/2	1/3	1	3	2
	C_6	1/3	1	1/5	1/2	1/3	1	1
	C_7	1/3	2	1/3	1/2	1/2	1	1
汇总	B_1	C_1	C_2	C_3	C_4	C_5	C_6	C_7
	C_1	1	3	1	2	2	4	2
	C_2	1/3	1	1/2	1/2	1	2	1/3
	C_3	1	2	1	3	3	4	2
	C_4	1/2	2	1/3	1	2	3	2
	C_5	1/2	1	1/3	1/2	1	2	3
	C_6	1/4	1/2	1/4	1/3	1/2	1	1/2
	C_7	1/2	3	1/2	1/2	1/3	2	1

表 6.8　社会效益指标代码

指标名称	社会效益	人口密度	65 岁以上人口比重	高等教育普及率	每万人拥有医疗床位数	地均社会就业人数	人均公共服务设施用地面积
代码	B_2	C_8	C_9	C_{10}	C_{11}	C_{12}	C_{13}

表 6.9　六个指标相对于社会效益 B_2 的重要程度情况

	B_2	C_8	C_9	C_{10}	C_{11}	C_{12}	C_{13}
专家 1	C_8	1	1	2	2	3	2
	C_9	1	1	3	2	2	3
	C_{10}	1/2	1/3	1	2	3	3
	C_{11}	1/2	1/2	1/2	1	1	2
	C_{12}	1/3	1/2	1/3	1	1	4
	C_{13}	1/2	1/3	1/3	1/2	1/4	1
专家 2	B_2	C_8	C_9	C_{10}	C_{11}	C_{12}	C_{13}
	C_8	1	1/2	1	3	4	5
	C_9	2	1	2	1	3	2
	C_{10}	1	1/2	1	3	2	2
	C_{11}	1/3	1	1/3	1	1/2	2
	C_{12}	1/4	1/3	1/2	2	1	3
	C_{13}	1/5	1/2	1/2	1/2	1/3	1
专家 3	B_2	C_8	C_9	C_{10}	C_{11}	C_{12}	C_{13}
	C_8	1	1/3	1/2	2	2	3
	C_9	3	1	2	3	2	4
	C_{10}	2	1/2	1	2	3	3
	C_{11}	1/2	1/3	1/2	1	1/3	2
	C_{12}	1/2	1/2	1/3	3	1	2
	C_{13}	1/3	1/4	1/3	1/2	1/2	1
汇总	B_2	C_8	C_9	C_{10}	C_{11}	C_{12}	C_{13}
	C_8	1	1/2	1/3	3	1	4
	C_9	2	1	2	4	3	3
	C_{10}	3	1/2	1	3	2	2
	C_{11}	1/3	1/4	1/3	1	1/2	1
	C_{12}	1	1/3	1/2	2	1	3
	C_{13}	1/4	1/3	1/2	1	1/3	1

表 6.10　生态效益指标代码

指标名称	生态效益	可再生能源使用比例	绿色植被覆盖率	水面占土地总面积比例	生活垃圾资源利用率	污水处理率	旱涝灾害率
代码	B_3	C_{14}	C_{15}	C_{16}	C_{17}	C_{18}	C_{19}

表 6.11　六个指标相对于生态效益 B_3 的重要程度情况

专家 1	B_3	C_{14}	C_{15}	C_{16}	C_{17}	C_{18}	C_{19}
	C_{14}	1	3	2	4	1	2
	C_{15}	1/3	1	1	3	4	2
	C_{16}	1/2	1	1	2	1/3	1/2
	C_{17}	1/4	1/3	1/2	1	1/2	2
	C_{18}	1	1/4	3	2	1	1/2
	C_{19}	1/2	1/2	2	1/2	2	1
专家 2	B_3	C_{14}	C_{15}	C_{16}	C_{17}	C_{18}	C_{19}
	C_{14}	1	2	3	2	2	3
	C_{15}	1/2	1	1/2	2	3	1
	C_{16}	1/3	2	1	2	1/2	1
	C_{17}	1/2	1/2	1/2	1	1	1/4
	C_{18}	1/2	1/3	2	1	1	1/3
	C_{19}	1/3	1	1	4	3	1
专家 3	B_3	C_{14}	C_{15}	C_{16}	C_{17}	C_{18}	C_{19}
	C_{14}	1	1	4	2	3	2
	C_{15}	1	1	1	3	2	2
	C_{16}	1/4	1	1	1	2	1
	C_{17}	1/2	1/3	1	1	1/2	1/3
	C_{18}	1/3	1/2	1/2	2	1	1/4
	C_{19}	1/2	1/2	1	3	4	1
汇总	B_3	C_{14}	C_{15}	C_{16}	C_{17}	C_{18}	C_{19}
	C_{14}	1	2	3	4	2	2
	C_{15}	1/2	1	2	3	2	1
	C_{16}	1/3	1/2	1	2	1/2	1/3
	C_{17}	1/4	1/3	1/2	1	1/3	1/4
	C_{18}	1/2	1/2	2	3	1	1/2
	C_{19}	1/2	1	3	4	2	1

表 6.12　景观效益指标代码

指标名称	景观效益	格局破碎度指数	土地平整率	道路通达度	建筑物整齐率	遗址保护用地比例
代码	B_4	C_{20}	C_{21}	C_{22}	C_{23}	C_{24}

表 6.13　五个指标相对于景观效益 B_4 的重要程度情况

	B_4	C_{20}	C_{21}	C_{22}	C_{23}	C_{24}
专家 1	C_{20}	1	3	1/3	1/2	3
	C_{21}	1/3	1	1/2	1/3	3
	C_{22}	3	2	1	1/2	3
	C_{23}	2	3	2	1	4
	C_{24}	1/3	1/3	1/3	1/4	1
专家 2	B_4	C_{20}	C_{21}	C_{22}	C_{23}	C_{24}
	C_{20}	1	2	2	1/2	2
	C_{21}	1/2	1	1/2	1/4	2
	C_{22}	1/2	2	1	1/3	5
	C_{23}	2	4	3	1	4
	C_{24}	1/2	1/2	1/5	1/4	1
专家 3	B_4	C_{20}	C_{21}	C_{22}	C_{23}	C_{24}
	C_{20}	1	3	1	1/4	4
	C_{21}	1/3	1	1/3	1/2	3
	C_{22}	1	3	1	1/2	3
	C_{23}	4	2	2	1	4
	C_{24}	1/4	1/3	1/3	1/4	1
汇总	B_4	C_{20}	C_{21}	C_{22}	C_{23}	C_{24}
	C_{20}	1	2	1/2	1/3	3
	C_{21}	1/2	1	1/2	1/3	2
	C_{22}	2	2	1	1	4
	C_{23}	3	3	1	1	5
	C_{24}	1/3	1/2	1/4	1/5	1

注：汇总并不是取专家打分的均值，而是参考专家的打分和 AHP 标度分值表取值。

6.3.3　指标权重的确定

本书利用层次分析法计算指标权重。以经济效益 B_1、社会效益 B_2、生态效益 B_3 和景观效益 B_4 相对于总目标 A 的权重计算如下。

1）经济效益 B_1、社会效益 B_2、生态效益 B_3 和景观效益 B_4 相对于总目标 A 的权重计算。

① 构建其判断矩阵，如表 6.14 所示。

表 6.14　判断矩阵

A	B_1	B_2	B_3	B_4
B_1	1	3	2	4
B_2	1/3	1	1/2	2
B_3	1/2	2	1	3
B_4	1/4	1/2	1/3	1

② 规范化矩阵，如表 6.15 所示。

表 6.15　判断矩阵规范化

A	B_1	B_2	B_3	B_4
B_1	0.48	0.46	0.52	0.40
B_2	0.16	0.15	0.13	0.20
B_3	0.24	0.31	0.26	0.30
B_4	0.12	0.08	0.09	0.10

③ 计算矩阵的最大特征向量：

其特征向量

$$\boldsymbol{A}=(\boldsymbol{B}_1,\ \boldsymbol{B}_2,\ \boldsymbol{B}_3,\ \boldsymbol{B}_4)=(0.467,\ 0.160,\ 0.277,\ 0.096) \tag{6.4}$$

④ 计算矩阵的最大特征根

$$\begin{bmatrix} 0.467\times 1+0.16\times 3+0.277\times 2+0.096\times 4 \\ 0.467\times \frac{1}{3}+0.16\times 1+0.277\times \frac{1}{2}+0.096\times 2 \\ 0.467\times \frac{1}{2}+0.16\times 2+0.277\times 1+0.096\times 3 \\ 0.467\times \frac{1}{4}+0.16\times \frac{1}{2}+0.277\times \frac{1}{3}+0.096\times 1 \end{bmatrix}=\begin{bmatrix} 1.885 \\ 0.646 \\ 1.185 \\ 0.385 \end{bmatrix} \tag{6.5}$$

将所得结果与特征向量中相应数相除，然后计算其平均数：

$$\lambda_{\max}=\left(\frac{1.885}{0.467}+\frac{0.646}{0.16}+\frac{1.1185}{0.277}+\frac{0.385}{0.096}\right)\times\frac{1}{4} \tag{6.6}$$

⑤ 一致性检验

$$CI=\frac{\lambda_{\max}-n}{n-1}=\frac{4.03-4}{4-1}=0.01\ (n\ 为比较项个数) \tag{6.7}$$

$$CR=\frac{CI}{RI}=\frac{0.01}{0.90}=0.011\text{（当 }n=4\text{ 时，查表可知 RI=0.90）} \quad (6.8)$$

因为 CR=0.011<0.1，$\boldsymbol{A}$ 的一致性可接受，则 $\boldsymbol{B}_1$、$\boldsymbol{B}_2$、$\boldsymbol{B}_3$ 和 $\boldsymbol{B}_4$ 相对于总目标的权重为：

$$\boldsymbol{A}=(\boldsymbol{B}_1, \boldsymbol{B}_2, \boldsymbol{B}_3, \boldsymbol{B}_4)=(0.467, 0.160, 0.277, 0.096) \quad (6.9)$$

如图 6.2 所示。

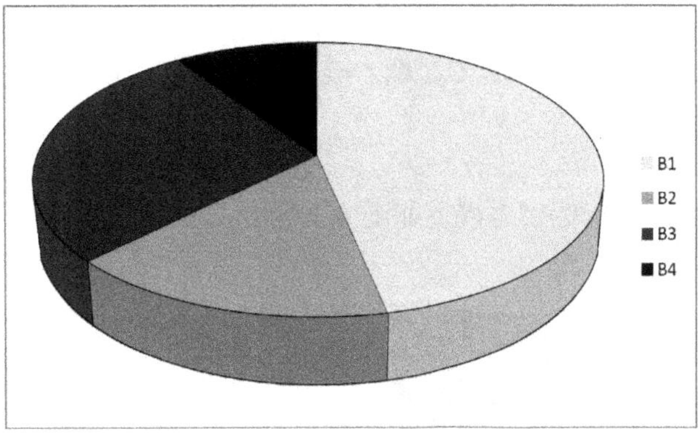

图 6.2　各分效益权重示意图

2）评价指标 $\boldsymbol{C}_1$，$\boldsymbol{C}_2$，$\boldsymbol{C}_3$，$\boldsymbol{C}_4$，$\boldsymbol{C}_5$，$\boldsymbol{C}_6$，$\boldsymbol{C}_7$ 相对于经济效益的权重计算。

① 构建 $\boldsymbol{B}_1$–$\boldsymbol{C}$ 判断矩阵。

② 经过计算得到的最大特征根为：λ_{max}=7.464，对应特征向量为：

$$\boldsymbol{B}_1=[0.228, 0.083, 0.254, 0.152, 0.122, 0.051, 0.120] \quad (6.10)$$

表 6.16　$\boldsymbol{B}_1$–$\boldsymbol{C}$ 判断矩阵

$\boldsymbol{B}_1$	$\boldsymbol{C}_1$	$\boldsymbol{C}_2$	$\boldsymbol{C}_3$	$\boldsymbol{C}_4$	$\boldsymbol{C}_5$	$\boldsymbol{C}_6$	$\boldsymbol{C}_7$
$\boldsymbol{C}_1$	1	3	1	2	2	4	2
$\boldsymbol{C}_2$	1/3	1	1/2	1/2	1	2	1/3
$\boldsymbol{C}_3$	1	2	1	3	3	4	2
$\boldsymbol{C}_4$	1/2	2	1/3	1	2	3	2
$\boldsymbol{C}_5$	1/2	1	1/3	1/2	1	2	3
$\boldsymbol{C}_6$	1/4	1/2	1/4	1/3	1/2	1	1/2
$\boldsymbol{C}_7$	1/2	3	1/2	1/2	1/3	2	1

③ 一致性检验

$$\mathrm{CI}=\frac{\lambda_{\max}-n}{n-1}=\frac{7.464-7}{7-1}=0.077\text{（}n\text{ 为比较项个数）} \quad (6.11)$$

$$\mathrm{CR}=\frac{\mathrm{CI}}{\mathrm{RI}}=\frac{0.077}{1.32}=0.058\text{（当 }n=7\text{ 时，查表可知 RI=1.32）} \quad (6.12)$$

因为 CR=0.058<0.1，$\boldsymbol{B}_1$ 的一致性可接受，则 $\boldsymbol{C}_1$，$\boldsymbol{C}_2$，$\boldsymbol{C}_3$，$\boldsymbol{C}_4$，$\boldsymbol{C}_5$，$\boldsymbol{C}_6$，$\boldsymbol{C}_7$ 相对于经济效益 $\boldsymbol{B}_1$ 的权重为：

$\boldsymbol{B}_1$=［$\boldsymbol{C}_1$，$\boldsymbol{C}_2$，$\boldsymbol{C}_3$，$\boldsymbol{C}_4$，$\boldsymbol{C}$，$\boldsymbol{C}_6$，$\boldsymbol{C}_7$］=［0.228，0.083，0.254，0.152，0.122，0.051，0.120］

经济效益评价指标相对权重如图 6.3 所示。

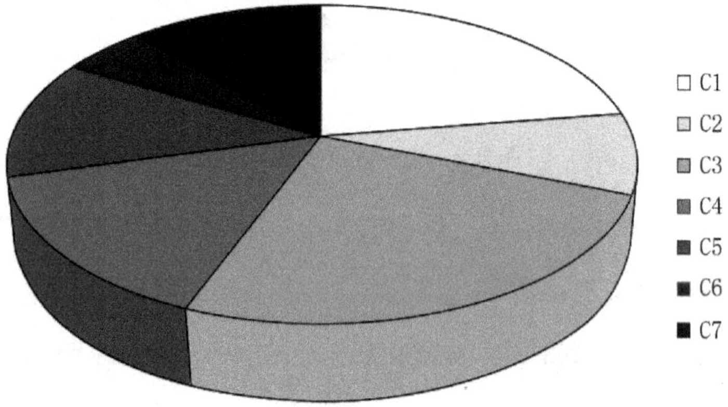

图 6.3　经济效益评价指标权重示意图

3）指标 $\boldsymbol{C}_8$，$\boldsymbol{C}_9$，$\boldsymbol{C}_{10}$，$\boldsymbol{C}_{11}$，$\boldsymbol{C}_{12}$，$\boldsymbol{C}_{13}$ 相对于社会效益 $\boldsymbol{B}_2$ 的权重计算。

① 构建 $\boldsymbol{B}_2$–$\boldsymbol{C}$ 判断矩阵。

② 经过和积法计算得到的最大特征根为：$\lambda_{\max}$=6.313，对应特征向量为：

$$\boldsymbol{B}_2=[0.163,\ 0.321,\ 0.239,\ 0.067,\ 0.139,\ 0.071] \quad (6.13)$$

表 6.17　B_2–C 判断矩阵

B_2	C_8	C_9	C_{10}	C_{11}	C_{12}	C_{13}
C_8	1	1/2	1/3	3	1	4
C_9	2	1	2	4	3	3
C_{10}	3	1/2	1	3	2	2
C_{11}	1/3	1/4	1/3	1	1/2	1
C_{12}	1	1/3	1/2	2	1	3
C_{13}	1/4	1/3	1/2	1	1/3	1

③一致性检验：

$$\mathrm{CI}=\frac{\lambda_{\max}-n}{n-1}=\frac{6.313-6}{6-1}=0.0626\text{（}n\text{ 为比较项个数）}\quad(6.14)$$

$$\mathrm{CR}=\frac{\mathrm{CI}}{\mathrm{RI}}=\frac{0.0626}{1.24}=0.05\text{（当 }n=6\text{ 时，查表可知 RI=1.24）}\quad(6.15)$$

因为 CR=0.05<0.1，B_2 的一致性可接受，则 C_8，C_9，C_{10}，C_{11}，C_{12}，C_{13} 相对于社会效益 B_2 的权重为：

B_2=[C_8，C_9，C_{10}，C_{11}，C_{12}，C_{13}]=[0.163，0.321，0.239，0.067，0.139，0.071]

社会效益评价指标相对权重如图 6.4 所示。

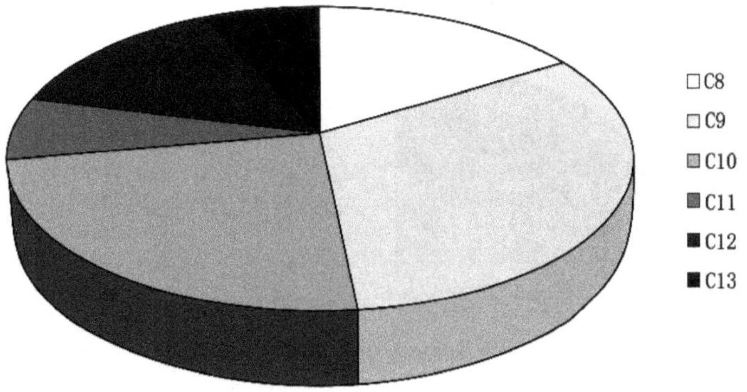

图 6.4　社会效益评价指标权重示意图

4）指标 $\boldsymbol{C}_{14}$，$\boldsymbol{C}_{15}$，$\boldsymbol{C}_{16}$，$\boldsymbol{C}_{17}$，$\boldsymbol{C}_{18}$，$\boldsymbol{C}_{19}$ 相对于生态效益 $\boldsymbol{B}_3$ 的计算。

① 构建 $\boldsymbol{B}_3$–$\boldsymbol{C}$ 判断矩阵。

② 计算得到的最大特征根为：λ_{max}=6.122，对应特征向量为：

$$\boldsymbol{B}_3=[0.309,\ 0.193,\ 0.088,\ 0.056,\ 0.137,\ 0.217] \tag{6.16}$$

③ 一致性检验

$$CI=\frac{\lambda_{max}-n}{n-1}=\frac{6.122-6}{6-1}=0.0244\ (n\text{ 为比较项个数}) \tag{6.17}$$

$$CR=\frac{CI}{RI}=\frac{0.0244}{1.24}=0.019\ (\text{当 } n=6 \text{ 时，查表可知 } RI=1.24) \tag{6.18}$$

表 6.18　$\boldsymbol{B}_3$–$\boldsymbol{C}$ 判断矩阵

$\boldsymbol{B}_3$	$\boldsymbol{C}_{14}$	$\boldsymbol{C}_{15}$	$\boldsymbol{C}_{16}$	$\boldsymbol{C}_{17}$	$\boldsymbol{C}_{18}$	$\boldsymbol{C}_{19}$
$\boldsymbol{C}_{14}$	1	2	3	4	2	2
$\boldsymbol{C}_{15}$	1/2	1	2	3	2	1
$\boldsymbol{C}_{16}$	1/3	1/2	1	2	1/2	1/3
$\boldsymbol{C}_{17}$	1/4	1/3	1/2	1	1/3	1/4
$\boldsymbol{C}_{18}$	1/2	1/2	2	3	1	1/2
$\boldsymbol{C}_{19}$	1/2	1	3	4	2	1

因为 CR=0.019<0.1，$\boldsymbol{B}_3$ 的一致性可接受，则 $\boldsymbol{C}_{14}$，$\boldsymbol{C}_{15}$，$\boldsymbol{C}_{16}$，$\boldsymbol{C}_{17}$，$\boldsymbol{C}_{18}$，$\boldsymbol{C}_{19}$ 相对于生态效益 $\boldsymbol{B}_3$ 的权重为：

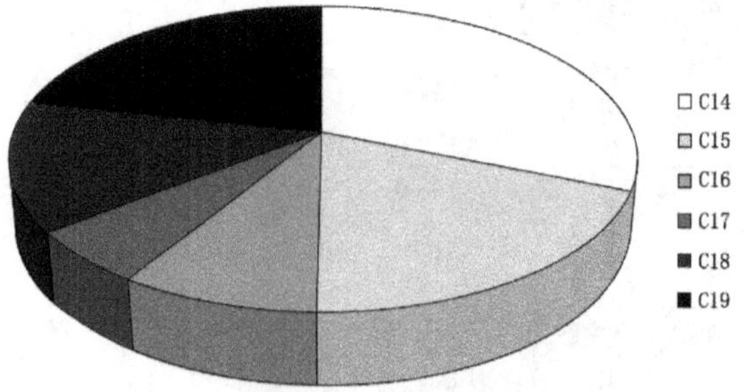

图 6.5　生态效益评价指标权重示意图

$\boldsymbol{B}_3$=[$\boldsymbol{C}_{14}$，$\boldsymbol{C}_{15}$，$\boldsymbol{C}_{16}$，$\boldsymbol{C}_{17}$，$\boldsymbol{C}_{18}$，$\boldsymbol{C}_{19}$]=[0.309，0.193，0.088，0.056，

0.137，0.217］，生态效益评价指标相对权重如图 6.5 所示。

5）指标 C_{20}，C_{21}，C_{22}，C_{23}，C_{24} 相对于生态效益 B_3 的计算

① 构建 B_4–C 判断矩阵。

② 经计算得到的最大特征根为：λ_{max}=5.079，对应特征向量为：

$$B_4=[0.169,\ 0.117,\ 0.291,\ 0.359,\ 0.064] \tag{6.19}$$

③ 一致性检验：

$$CI=\frac{\lambda_{max}-n}{n-1}=\frac{5.079-5}{5-1}=0.0197（n\ 为比较项个数） \tag{6.20}$$

$$CR=\frac{CI}{RI}=\frac{0.0197}{1.12}=0.017（当\ n=5\ 时，查表可知\ RI=1.12） \tag{6.21}$$

表 6.19　B_4–C 判断矩阵

B_4	C_{20}	C_{21}	C_{22}	C_{23}	C_{24}
C_{20}	1	2	1/2	1/3	3
C_{21}	1/2	1	1/2	1/3	2
C_{22}	2	2	1	1	4
C_{23}	3	3	1	1	5
C_{24}	1/3	1/2	1/4	1/5	1

因为 CR=0.017<0.1，B_4 的一致性可接受，则 C_{20}，C_{21}，C_{22}，C_{23}，C_{24} 相对于景观效益 B_4 的权重为：

B_4=［C_{20}，C_{21}，C_{22}，C_{23}，C_{24}］=［0.169，0.117，0.291，0.359，0.064］

景观效益评价指标相对权重如图 6.6 所示。

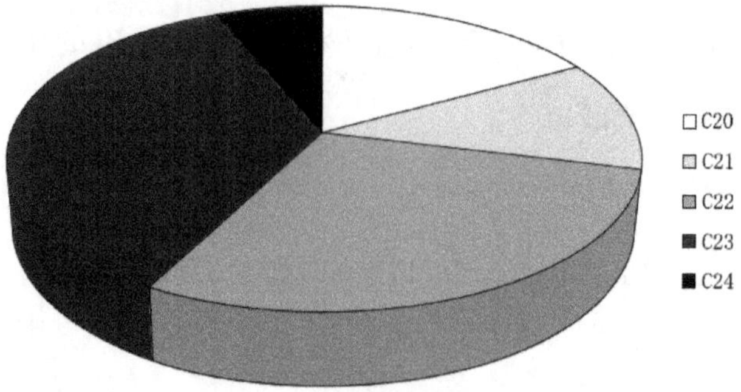

图 6.6　景观效益评价指标权重示意图

6）将以上数据汇总，可得各评价指标权重，如表 6.20 所示。

表 6.20　效益评价指标权重值表

目标层	准则层	权重	指标层（单位）	相对权重	组合权重	属性
西咸新区土地利用管理效益评价指标体系	经济效益	0.467	地均 GDP（亿元 /km²）	0.228	0.107	正
			建设用地比例（%）	0.083	0.039	正
			居民人均 GDP（万元 / 人）	0.254	0.118	正
			单位工业用地总产值（亿元 /km²）	0.142	0.071	正
			单位农业用地产量（t/km²）	0.122	0.057	正
			第三产业所占比重（%）	0.051	0.024	正
			静态投资收益率（%）	0.120	0.051	正
	社会效益	0.160	人口密度（人 /km²）	0.163	0.026	负
			65 岁以上人口比重（%）	0.321	0.051	负
			高等教育普及率（%）	0.239	0.038	正
			每万人拥有医疗床位数（个）	0.067	0.011	正
			地均社会就业人数（人 /km²）	0.139	0.022	正
			人均公共服务设施用地面积（m²/ 人）	0.071	0.012	正
	生态效率	0.277	可再生能源使用比例（%）	0.309	0.086	正
			绿色植被覆盖率（%）	0.193	0.054	正
			水面占土地总面积比例（%）	0.088	0.024	正
			生活垃圾资源利用率（%）	0.056	0.015	正
			污水处理率（%）	0.137	0.038	正
			旱涝灾害率（%）	0.217	0.060	负
	景观效益	0.096	格局破碎度指数（%）	0.169	0.016	负
			土地平整率（%）	0.117	0.011	正
			道路通达度（%）	0.291	0.028	正
			建筑物整齐率（%）	0.359	0.035	正
			遗址保护用地比例（%）	0.064	0.006	正

表 6.21　评价指标原始数据与标准化值表

评价指标（单位）	2009 年	2015 年	2020 年预期值	2009 年标准化值	2015 年标准化值	2020 年标准化值
C_1 地均 GDP（亿元 /km²）	0.61	1.02	1.93	0.269	0.45	0.852
C_2 建设用地比例（%）	15.26	18.14	30.84	0.392	0.466	0.793
C_3 居民人均 GDP（万元 / 人）	4.5	6	7.2	0.433	0.577	0.692
C_4 单位工业用地总产值（亿元 /km²）	10	12	16	0.447	0.537	0.716
C_5 单位农业用地产量（t/km²）	650	750	900	0.485	0.560	0.672
C_6 第三产业所占比重（%）	36	42	60	0.441	0.515	0.735
C_7 静态投资收益率（%）	0.98	1.34	2.11	0.365	0.499	0.786
C_8 人口密度（人 /km²）	1020	1700	2675	0.694	0.489	0.197
C_9 65 岁以上人口比重（%）	9	8	7	0.354	0.426	0.497
C_{10} 高等教育普及率（%）	27	38	62	0.348	0.490	0.799
C_{11} 每万人拥有医疗床位数（个）	35	50	70	0.377	0.538	0.754
C_{12} 地均社会就业人数（人 /km²）	612	1054	1739	0.288	0.496	0.819
C_{13} 人均公共服务设施用地面积（m²/ 人）	14.5	18	23.37	0.441	0.548	0.711
C_{14} 可再生能源使用比例（%）	16	20	30	0.406	0.507	0.760
C_{15} 绿色植被覆盖率（%）	36	40	55	0.468	0.520	0.715
C_{16} 水域占土地总面积比例（%）	12.47	12.87	14.97	0.534	0.551	0.641
C_{17} 垃圾无害化处理率（%）	50	90	100	0.348	0.627	0.697
C_{18} 污水处理率（%）	60	95	100	0.399	0.632	0.665
C_{19} 旱涝灾害率（%）	0	0	0	0	0	0
C_{20} 格局破碎度指数（%）	6.85	6.14	4.13	0.321	0.391	0.590
C_{21} 土地平整率（%）	82	89	94	0.535	0.581	0.613
C_{22} 道路通达度（%）	5.02	8.24	13.46	0.303	0.498	0.813
C_{23} 建筑物整齐率（%）	15.8	22.4	38.2	0.336	0.476	0.812
C_{24} 遗址保护用地比例(%)	0.81	0.91	0.91	0.533	0.598	0.598

6.3.4　指标值的标准化处理

效益评价体系中不同的指标具有不同的量纲，无法统一计算，为了使指标具有可比性，必须对原始数据进行标准化处理[139]。本书中根据各指标因子的重要程度、特征及表现形式来选用标准化模型，经过指标的标准化处理，把各指标转化为可进行综合的一个相对数。

1）对于正向指标，即越大越优的指标

$$K_i=b_i/b_{ib} \tag{6.22}$$

2）对于负向指标，即越大越优的指标

$$K_i=(b_{ib}/b_i)\,b_{ib} \tag{6.23}$$

式中为比较基数，充当的有最大值、变量总值、初始值、经验标准值等[140]，本书采用变量平方和的开方值。

将2009年、2015年和2020年的指标值进行标准化，其值如表6.22所示。

表6.22　西咸新区土地利用效益评价值和综合评价值表

指标层	2009年			2015年			2020年		
	指标评价值	效益值	综合效益值	指标评价值	效益值	综合效益值	指标评价值	效益值	综合效益值
C_1	0.029	0.184	0.375	0.048	0.241	0.483	0.091	0.351	0.671
C_2	0.015			0.018			0.031		
C_3	0.051			0.068			0.082		
C_4	0.032			0.038			0.051		
C_5	0.027			0.032			0.038		
C_6	0.011			0.012			0.018		
C_7	0.019			0.025			0.118		
C_8	0.018	0.064		0.013	0.077		0.005	0.095	
C_9	0.018			0.021			0.025		
C_{10}	0.013			0.019			0.030		
C_{11}	0.004			0.006			0.008		
C_{12}	0.006			0.011			0.018		
C_{13}	0.005			0.007			0.047		
C_{14}	0.035	0.093		0.044	0.118		0.065	0.154	
C_{15}	0.025			0.028			0.039		
C_{16}	0.013			0.013			0.015		
C_{17}	0.005			0.009			0.010		
C_{18}	0.015			0.024			0.025		
C_{19}	0			0			0		
C_{20}	0.005	0.034		0.006	0.047		0.009	0.071	
C_{21}	0.006			0.006			0.007		
C_{22}	0.008			0.014			0.023		
C_{23}	0.012			0.017			0.028		
C_{24}	0.003			0.004			0.004		

6.4　西咸新区效益评价结果分析

西咸新区的土地利用分为两个阶段，2010—2015 年为启动实施阶段，2016—2020 为全面提升阶段。经过对西咸新区的规划管理，我们统计出 2015 年底效益评价指标体系中的各项指标值，并规划出 2020 年底的预期值，将这两组数据分别与土地利用前的数据进行对比分析，并做出评价。

经过对西咸新区土地利用评价指标的权重和标准化计算，可得到土地利用的效益评价值和综合效益值[141]，如表 6.22 所示。从表中可以看出，经过第一阶段的土地利用工作，确实有较好的成效，其整体发展情况是良好的，也正在逼近第二段的预期值。

6.4.1　经济效益评价分析

西咸新区 2009 年的经济效益评价值为 0.184，土地利用后，2015 年的经济效益评价值为 0.241，2020 年的预期值为 0.351，可以看出土地利用后的经济效益呈上升状态，效益值如图 6.7 所示。

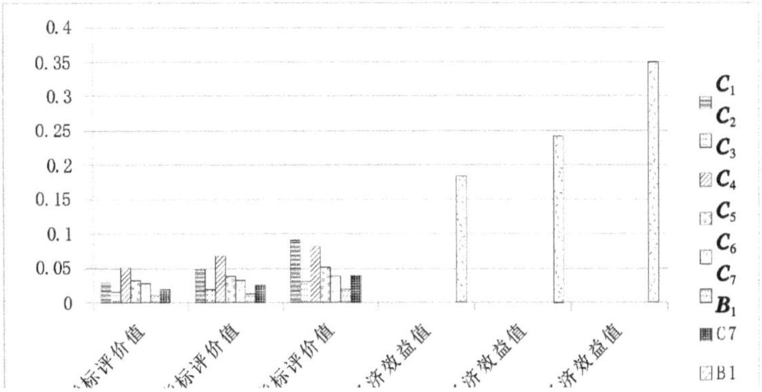

图 6.7　西咸新区土地利用经济效益值对比图

从经济效益值对比图中可以看出，2015 年的土地利用经济效益值明显高于 2009 年，而 2020 年又明显高于 2015 年。相对于 2009 年，2015 年的地均 GDP、建设用地比例、居民人均 GDP、单位工业用地总产值、单位农业用地产量、第三产业所占比重和静态投资收益率的指标值分别提高了 65.52%、20%、33.33%、18.75%、18.52%、9.09%、31.58%，而 2020 年预期分别提高了 213.29%、106.67%、60.78%、59.37%、40.74%、63.64%、110.53%，其中地均 GDP 的升幅最大。建设用地比例明显增加，人均 GDP 和农产品产量均有所增加[142]。

位于西安与咸阳两市接壤处的西咸新区，以农村人口为主，有较大的村庄密度，土地利用过程中任务比较艰巨。由于不断加快的我国城乡统筹步调，城乡密切融合、区域功能互补、利益高度共享成为区域发展的共识，也将成为西咸新区建设的重要目标[143]。

6.4.2 社会效益评价分析

西咸新区 2015 年土地利用的社会效益评价值为 0.077，2020 年的预期值为 0.095，均高于 2009 年土地利用前的社会效益值 0.064，总体呈上升趋势，土地利用两阶段的社会效益值对比如图 6.8 所示。

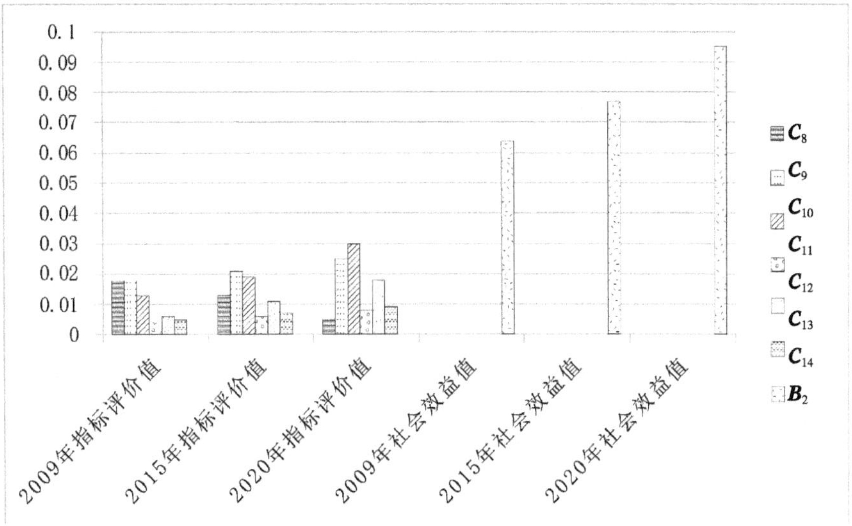

图 6.8　西咸新区土地利用社会效益值对比图

相对于 2009 年的社会效益值，2015 年和 2020 年的预期值均有较大程度的提高，在社会效益评价指标中，除了人口密度指标评价值下降，其余指标如高等教育普及率、每万人拥有医疗床位数、地均社会就业人数和人均公共服务设施面积均有所提高。说明西咸新区土地利用对当地人民的教育水平、医疗水平和基础设施水平的提高有很大贡献。

从上述分析可以知道，土地利用的初期社会效益虽已取得较好的效果，但在西咸新区后续的土地利用中还应该注意以下几点。

一是积极开展制度创新，在政策和法规未明确禁止的范围和领域内可先行先试；二是消除户籍管理中的一些烦琐问题，鼓励人口进入城镇；三是在城乡一体化的基础上，为人口转移提供便利条件，为户籍制度改革创造良好社会环境[144]；四是实行居住地管理制度，为对于落户新区的居民和农民，在养老、医疗、失业等方面，享受和城市户籍的居民同样的社会福利和社会保障；五是加快基础设施建设，规划实施的交通路网、市政及公益设施等要优先安排和保证实施，分别纳入全省或西咸两市重点项目计划予以支持，避免进行零星开发，应采用成片整体统一开发建设。

6.4.3 生态效益评价分析

西咸新区 2009 年土地利用前的生态效益值为 0.093，土地利用后 2015 年的生态效益值为 0.118，而 2020 年的预期值为 0.154，可以看出生态效益评价值呈上升状态，各指标评价值的对比如图 6.9 所示。

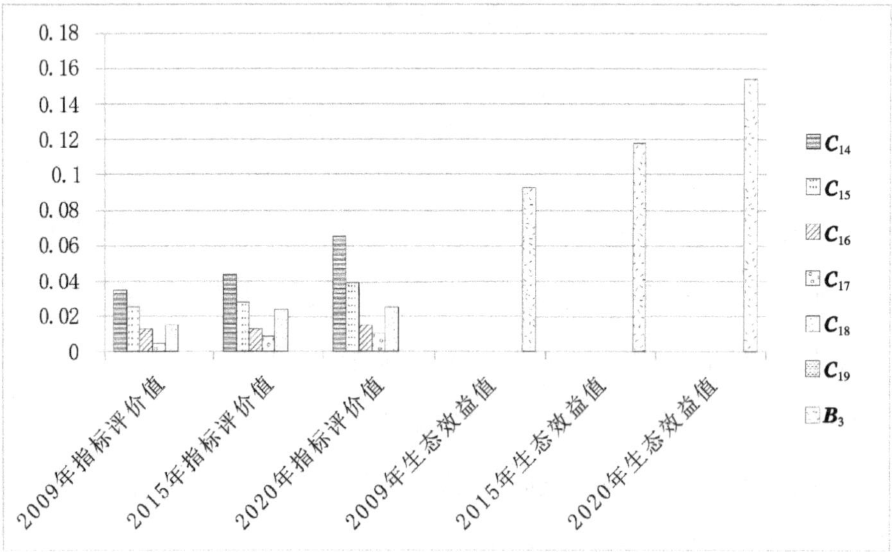

图 6.9 西咸新区土地利用生态效益值对比图

西咸新区土地利用的目的就是建立新型城镇化下的生态田园城市，因此在效益评价中生态效益值就显得尤为重要，生态效益评价也是衡量土地利用合理性的重要指标。从图中可以看出，土地利用两阶段生态效益中各指标评价值不断上升，相对于 2009 年，土地利用的第一阶段 2015 年生态效益中可再生能源使用比例、绿色植被覆盖率、水域占土地总面积比例、垃圾无害化处理率、污水处理率、旱涝灾害率各指标值分别提高了25.71%、12%、0%、80%、60%、0%，土地利用的第二阶段 2020 年的预期各指标值提高了 85.71%、56%、15.38%、100%、66.67% 和 0%。说明土地利用对西咸新区的生态治理、环境改善有很大的贡献。

目前，西咸新区土地利用在生态方面已取得较好成效，但在后续的工作中仍需做到：

一是结合新区的地形特征，规划出适合西咸新区发展的生态化道路；

二是利用优越的地理区位和交通方便的条件、良好的水系资源和现有的植被基础，以渭河、泾河、沣河为依托，运用现代复合生态学原理，构建城市发展与自然生态、田塬水系相结合的城市生态绿地系统[145]；

三是按照保持基址的整体性与连续性、遵从基址的生态环境特征的原则下进行生态规划，减少人为影响与干扰，以绿为主，生态优先，生态结合文化，突出地方性特色。

6.4.4　景观效益评价分析

西咸新区土地利用前 2009 年底的景观效益评价值为 0.034，土地利用的第一阶段 2015 年的景观效益值为 0.047，土地利用第二阶段 2020 年的预期景观效益值为 0.071。因此，土地利用后景观效益值不断增长，其各指标评价值的增长状态如图 6.10 所示。

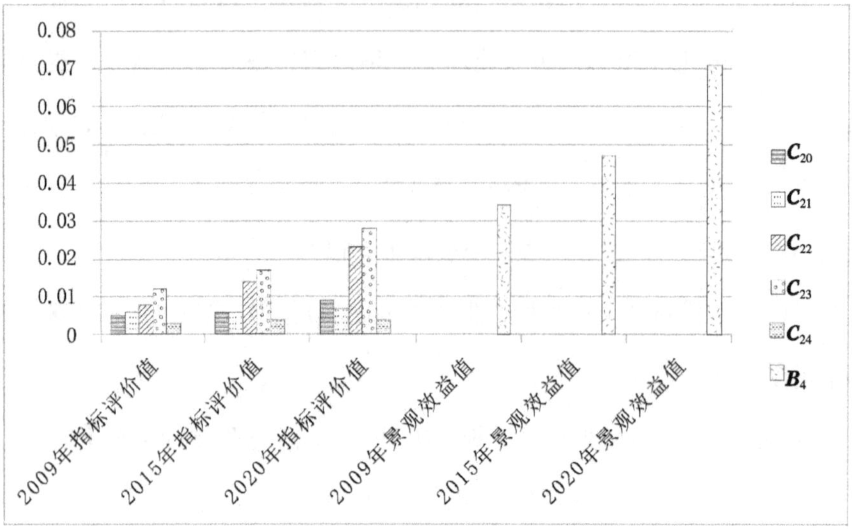

图 6.10　西咸新区土地利用景观效益值对比图

西咸新区土地利用是要将西咸新区建立成集交通、农业、工业、绿化、旅游、建筑、遗址等为一体的现代田园城市，因此，土地利用后的景观效益不容忽视。从图 6.10 中可以看出，景观效益中的各项指标土地平整率、道路通达度、遗址保护用地比例等均有所增加，说明土地利用对西咸新区的环境绿化、遗址保护和旅游开发等做出了重要贡献。

西咸新区自然环境优美，渭河东西向穿越新区，泾河、沣河位于规划区内。规划区范围内有秦咸阳宫遗址，汉长陵、阳陵、渭陵等秦汉历史文化遗迹，展现出自然、和谐的田园风光。在土地利用中景观风貌设计方面存在的问题：

一是现状用地对河流水系景观的利用和塑造十分欠缺；

二是规划区地处城乡结合地带，村庄和农田交错杂乱，田园风光被分割；

三是历史遗迹周边环境整治不到位，周秦汉文化彰显不够，文物保护亟待加强，历史文化遗存开发利用水平不高，不能形成良好的景观风貌。

6.5　本章小结

本章对西咸新区土地利用的效益评估从评价内容与方法、评价指标体系的构建、指标权重的确定与数据标准化、效益评价结果分析四方面进行研究说明。首先，土地利用所带来的效益是一个综合体、体系化的效益集合体。对西咸新区而言，它涉及经济效益、社会效益、生态效益和景观效益四方面的内容，通常采用对比法、模糊综合评判法、专家打分法等评价方法。

其次，对效益评价指标体系的构建进行研究。在系统性与完整性原则，经济效益、社会效益、生态效益和景观效益相统一的原则，可比性原则，定性与定量相结合原则，科学性与可操作性原则下，分别建立四种效益下的评价指标，并判断指标属性，即建立了西咸新区土地利用效益评价指标体系。

最后，利用层次分析法计算出指标体系中的指标权重，并对西咸新区土地利用前后的数据进行标准化处理。利用指标权重与数据标准化处理结果可得出西咸新区土地利用效益评价值，再分别对经济效益、社会效益、生态效益和景观效益做出评价。

第 7 章　总结与展望

本书基于新型城镇化的理念与西咸新区土地利用研究相结合，较系统地阐述了新型城镇化视角下西咸新区土地利用的理念和方法。按照土地利用规划的基本原则、结合西咸新区的自然条件及历史文化遗存，构建了西咸新区土地利用管理的总体框架，设计了西咸新区三维信息化系统，并对西咸新区的土地利用管理进行效益评估，取得了一些阶段性的研究成果。同时，还有许多问题需要进一步研究。

7.1　研究结论

（1）揭示了新型城镇化视角下土地利用的内涵

本书对新型城镇化进程中土地利用本质和内容做出研究。研究反映出在新型城镇化进程中土地利用的本质特征及内容的特殊性，和其他类似的著作相比具有新颖性。本书的研究结合以人为本的思想、地理特征、田园城市理论、稀缺原理和可持续发展理论论证了新型社会主义初级阶段进行的新型城镇化土地利用的方向。

（2）分析研究了在新型城镇化视角下西咸新区土地利用模式

本书介绍了西咸新区在国家区域发展战略深入推进过程中，在西咸一体化大背景下，西咸新区土地规划的政策背景、空间总体布局和人口分布，分析了土地利用影响因素，对土地利用模式进行了具体研究，以“秦汉农城”为例，说明了西咸新区在新型城镇化发展的理念下，坚持土地集约利用和规模化的模式下，对新区进行科学合理的规划，把西咸新区建设成为生态节约、环境友好、设施现代、社会和谐、开放包容、彰显历史文化、产业有序集聚的生态田园新城。

（3）设计了西咸新区三维地理信息化构架及功能模块

为了适应管理部门对新区土地、规划等资源科学管理的需求，提高新区管理的信息化，我们利用三维地理信息系统、海量数据管理、网络通信和高性能计算机技术等高新技术进行野外数据采集、工艺化批量生产和制作大比例尺数字高程模型、数字正射影像、数字地表模型、数字线划图等基础测绘成果，建立全区 1 ： 2000 比例尺的三维地形场景，并基于数字高程模型、数字线划图、数字正射影像图等基础地理信息建立系统数据库，开发三维地理信息管理系统，实现西咸新区三维地理信息数字化、网络化、可视化。

（4）对西咸新区土地利用做出效益评估

本书首先在相关原则下，合理选取评价指标，构建西咸新区土地利用的效益评价指标体系，利用层次分析法计算指标权重，并利用标准化模型对数据进行标准化处理，得到效益评价值表。从表效益评价可以得出，在西咸新区土地利用的两阶段，综合效益值不断上升，对于各准则层即经济效益、社会效益、生态效益和景观效益的评价值同样呈上升趋势，说明新型城镇化视角下的土地利用对西咸新区的效益增长是合理有效的。

7.2 主要创新点

（1）在新型城镇化视角下进行了西咸新区土地利用模式研究

本书结合新型城镇化的概念，坚持以人为本，根据西咸新区的发展战略和空间布局策略，将建成西安国际化大都市的主城功能新区和生态田园新城。建设生态田园新城的土地利用模式主要以农业用地土地流转规模化和建设用地集约化，并以“秦汉农城”为例进行分析，为新区建设，解决民生工程提供了新亮点和创新典范。

（2）提出并设计出西咸新区的三维信息化系统构架及功能模块

为了适应管理部门对新区土地、规划等资源科学管理的需求，提高新区管理的信息化，本书首次建立了数字化、网络化、可视化的西咸新区三维地理信息系统，其涉及地理空间框架建设、数据库建库和系统软件开发等多个环节，是一个复杂的系统工程。为达到项目建设目标，解决项目建设中存在的问题，在技术方法上进行了大量技术创新工作，如针对特大区域海量高精细三维数据模型管理和调度难题，提出了“标准图幅分层、分块、分级”的存储管理办法；针对系统快速响应和调度难题，提出了“数据动态分页调度”技术方法，实现了海量空间数据的快速调度管理。

（3）对西咸新区的土地利用进行效益评估

本书利用层次分析法计算指标体系中的指标权重，选择标准化模型对数据进行标准化处理，首次对西咸新区的土地利用做出效益评价，并分别对经济效益、社会效益、生态效益和景观效益进行评价结果分析，验证了新型城镇化视角下土地利用方法的合理性。

7.3　研究展望

在新型城镇化的推动下，土地利用及土地管理信息化是个复杂多变的过程。研究应以科学发展观为统领，积极创新规划理念和发展模式，进一步实现土地的可持续利用。本书的研究难免存在一些不足，在今后的研究中还有许多问题需要进一步讨论。

（1）细化西咸新区土地利用效益的一系列相关评价指标体系

分析、判断土地利用效益的前提就是进行土地利用效益评价，评价指标的选取、评价指标方法的种种不同，势必会影响到土地利用效益评价的结果。而本书对新型城镇化视角下的西咸新区土地利用评价体系构建时，评价指标的选取方面存在一定的主观性，为了全面反映西咸新区土地利用特征，还需要评价指标体系进行更深入的研究细化对比。

（2）完善西咸新区三维信息化系统

地理对象的构成涉及空间、时间和属性，因此土地利用信息就有较强的时效性，土地利用历史信息追溯、查询对于土地利用管理工作具有现实意义，这一过程中需将西咸新区最新的土地利用管理信息作为历史数据保存起来。应将该系统建成具有完整主比例尺系列、覆盖西咸新区、内容丰富、更新快捷的土地利用管理数据库。建设涉及地理空间框架建设、数据库建库和系统软件开发等多个环节，是一个复杂的系统工程，为达到项目建设目标，解决项目建设中存在的问题，在技术方法上也要进行大量技术创新工作。

（3）充分利用现代化测绘技术，进一步在土地利用动态监测方面进行研究

随着“3S”技术、移动数据处理技术、高端的遥感传感器数据获取与遥感影像融合技术、直观的三维可视化与网络 GIS 技术的发展，可以很便捷地获取地理信息，增加土地利用数据采集的现势性分析，使土地利用动态管理的数据源问题得以合理解决，实现西咸新区土地管理数字化、网络化、可视化，真正实现新型城镇化下以人为本的科学管理。

参考文献

[1] 乔庆伟，许庆福，王增如 . 国外土地整治管理的经验与借鉴 [J]. 山东国土资源，2012，28（10）：68-72.

[2] 陈利，毛亚婕 . 荷兰空间规划及对我国国土空间规划的启示 [J]. 经济师，2012（6）：18-20.

[3] 赵小敏，艾亮辉 . 农地整理项目设计后评价研究 [M]. 北京：中国农业科学技术出版社，2005.

[4] 陈百明，张凤荣 . 中国土地可持续利用指标体系的理论与方法 [J]. 自然资源学报，2001（3）：197-203.

[5] 郝晋珉 . 土地利用规划学 [M]. 北京：中国农业大学出版社，2007.

[6] 李博，胡进 . 中国产业结构优化升级的测度和比较分析 [J]. 管理科学，2008，21（4）：86-93.

[7] 刘伟，李绍荣 . 产业结构与经济增长 [J]. 中国工业经济，2005（5）：

14–21.

[8] 郭飞 . 国内外土地整治研究进展 [J] . 广东土地科学，2013，12 (1)：15–21.

[9] 郧文聚，杨晓艳，石英 . 土地整理概念的科学界定 [J] . 资源与产业，2008，10 (5)：1–2.

[10] 潘琦 . 城市土地集约利用与土地置换 [J] . 中国土地科学 ,1996 (3)：1–4.

[11] 罗鸿铭 . 城市土地资源集约化配置模式与利用策略选择 [J] . 现代财经（天津财经大学学报），2004，24 (7)：22–25.

[12] 王松林，金国娟 . 我们该如何缓解用地紧张 [J] . 今日浙江，2004 (16)：35–36.

[13] 王丽萍，周寅康，薛俊菲 . 江苏省城市用地扩长及驱动机制研究 [J] . 中国土地科学，2005，19 (6)：26–29.

[14] Stark A. Analysis of planning data concerning land consolidation using a geographic information system [J] . Soils and Fertilizers，1993 (2)：132–137.

[15] 陈美球 . 中国农村城镇化进程中的土地配置研究 [D] . 杭州：浙江大学，2002.

[16] Lambin E F , Meyfroidt P . Global land use change, economic globalization, and the looming land scarcity [J] . Proceedings of the National Academy of ences of the United States of America, 2011, 108 (9) 3465–3472.

[17] Bennett R , Wallace J , Williamson I . Organising land information

for sustainable land administration [J] . Land Use Policy, 2008, 25 (1) :126–138.

[18] Cimpoie L D . Land consolidation as a factor for rural development in Moldova [J] . Europe–Asia Studies, 2006, 58 (3) :439–455.

[19] Coelho J C , Pinto P A , Silva L M D . A systems approach for the estimation of the effects of land consolidation projects (LCPs) : a model and its application [J] . Agricultural Systems, 2001, 68 (3) :179–195.

[20] 陆红生 . 土地管理学总论 [M] . 北京：中国农业出版社，2000.

[21] 陈百明 . 区域土地可持续利用指标体系框架的构建与评价 [J] . 地理科学进展，2002，21 (3) ：204–215.

[22] 沈彦 . 土地节约与集约利用评价研究——以湖南省为例 [J] . 广东土地科学，2007 (1) ：67–69.

[23] 陈佑启，徐斌 . 中国土地利用变化及其影响的空间建模分析 [J] . 地理科学进展，2010，19 (2) ：116–127.

[24] 姚士谋，陆大道，陈振光等 . 顺应我国国情条件下的城镇化道路 [J] . 经济地理，2012，32 (5) ：1–6.

[25] 单卓然，黄亚平 . 试论中国新型城镇化建设：策略调整、行动策略 [J] . 绩效评估规划师，2013，4 (29) ：11–15.

[26] 姚士谋，张平宇，余成等 . 中国新型城镇化理论与实践问题 [J] . 地理科学，2014，34 (6) ：641–647.

[27] 张鸿雁 . 中国新型城镇化理论与实践创新 [J] . 社会学研究，2013，28 (3) ：1–14.

[28] Christoph K，Claudia B，Ulrich C. Effects of urban land use on surface temperature of UK cities and towns：A template for landscape and urban planning [J]. Landscape and Urban Planning，2008，87（3）：210-222.

[29]张樵.关于《成都市城市总体规划(2011—2020)》完善情况的报告[R/OL].（2011-05-01）[2012-06-10].htlp：//wwwv. rd. Chengdu. gov. cn/cwhgb/ChangWeiHuiGongBao/5448. html.

[30] 葛红林.成都市2012年政府工作报告[R/OL].（2013-02-27）[2014-06-11]. http：//www. chengdu. gov. cn/special/lianghui2013/detail_bg. jsp?id=720006.

[31]黄兴国.华明示范镇：天津城镇化样本[J].中国行政管理，2013(1)：6-14.

[32]罗应光.云南特色城镇化发展研究[D].昆明：云南大学，2012.

[33]王崇梅.中国经济增长与能源消耗脱钩分析[J].中国人口·资源与环境，2010，20（3）：35-37.

[34] Micropolitan Population Change：2000 to 2010，C2010SR-01，2012，U. S. Census Bureau，U. S. Government Printing Office，Washington，DC.

[35]彭冲，陈乐一，韩峰.新型城镇化与土地集约利用的时空演变及关系[J].地理研究，2014，33（1）：2005-2020.

[36]李程骅.科学发展观指导下的新型城镇化战略[J].求是，2012，22（14）：35-37.

[37]单卓然，黄亚平.“新型城镇化”概念内涵、目标内容、规划策略

及认知误区解析［J］. 城市规划学刊，2013，27（2）：16-22.

［38］土地资源战略课题研究组 . 土地资源战略研究［R］. 国务院发展研究中心，中国土地勘测规划院，2010.

［39］吕薇，刁承泰 . 中国城市规模分布演变特征研究［J］. 西南大学学报（自然科学版），2013，35（6）.

［40］张娜 . 基于西咸新区总体规划的土地节约集约利用评价研究［D］. 西安：长安大学，2014.

［41］张洁璐 . 农业保护利用视角下的西咸新区空间整合模式研究［D］. 西安：西安建筑科技大学，2013.

［42］王娣 . 现代田园城市市政基础设施规划初探——以西咸新区为例［D］. 西安：西安建筑科技大学，2013.

［43］曹东 . 现代田园城市视角下城市新区空间结构研究——以西咸新区为例［D］. 西安：长安大学，2013.

［44］吴宏安，蒋建军等 . 西安城市扩张及其驱动力分析［J］. 地理学报，2005（1）：143-150.

［45］赵斌正 . 西安都市圈内咸阳城市空间发展研究［D］. 西安：西北大学，2004.

［46］张峰 . 汉长安城遗址保护中的农业景观演化模式研究［D］. 西安：西安建筑科技大学，2009.

［47］黄赟，吕斌 . 城乡统筹背景下成都建设“世界现代田园城市”的战略思考［J］. 安徽农业科学，2011，39（21）：12944-12946.

［48］熊昉 . 我国农业现代化进程中的田园城市模式探索——以西咸新区

为例［D］. 西安：西安石油大学，2014.

［49］王登荣 . 新时期组团城市中区域性公共服务设施配置新视角——以佛山高明区为例［J］. 人文地理，2005，11（6）：117–119.

［50］刘佳燕 . 借鉴国际经验，实时推动我国大都市区新城建设——以广州新城概念规划为例［J］. 规划师，2003，19（4）：16–19.

［51］从政 . 西咸新区秦汉新城公共设施用地布局研究［D］. 西安：西安建筑科技大学，2014.

［52］黄琳，张祚 . 田园城市理论对我国城乡土地利用问题的启示［J］. 安徽农业科学，2006，34（5）：224–226.

［53］狄涛 . 现代田园城市规划理论的溯源与实践研究——以西咸新区为例［D］. 西安：长安大学，2014.

［54］王瑛，陈银蓉 . 土地利用规划中建设用地需求量预测方法研究［J］. 安徽农业科学，2008，36（5）：2119–2120.

［55］刘亚迪，县域建设用地需求量预测研究——以彭州市为例［D］. 成都：四川大学，2006.

［56］陈硕 . 分税制改革、地方财政自主权与公共品供给［J］. 经济学，2010（6）：1427–1446.

［57］黄阳平 . 区域经济协调发展与地方财政支出结构调整［J］. 中国经济问题，2010（2）：74–77.

［58］宋志强，王慧芳 . 论我国土地征收补偿法律制度的完善［J］. 山西高等学校社会科学学报，2011，23（3）：71–73.

［59］梁立宽，陈利根 . 论我国农村土地征收法律制度的完善［J］. 湖北

经济学院学报（人文社会科学版），2010，7（7）：79-80.

［60］赵金，陈曦，包安明．土地利用监测适宜尺度选择方法研究［J］．地理学报，2007，62（6）：659-668.

［61］刘守英，周飞舟，邵挺．土地制度改革与转变发展方式［M］．北京：中国发展出版社，2012.

［62］王世元．新型城镇化之土地制度改革路径［M］．北京：中国大地出版社，2014.

［63］王卉，王群．土地利用规划管理中的不确定性因素及其影响分析［J］．广东土地科学，2011，10（6）：24-28.

［64］国土资源部．国家可持续发展国土资源战略纲要［R］．2012.

［65］朱海明．城市工业用地节约利用及其评价研究［D］．武汉：华中科技大学，2007.

［66］赵晓峰，黄贤金．基于分层视角的工业用地集约利用机理研究：以江苏省为例［M］．北京：科学出版社，2012．

［67］洪旗．土地节约集约利用的路径选择［J］．土地科学动态，2013（6）：5-6.

［68］胡存智．城镇化中的土地管理问题［J］．行政管理改革，2012（11）：25-31.

［69］付凤春．统筹城乡背景下农村土地流转问题研究［D］．重庆：西南大学．2012.

［70］张军．农村土地流转中介服务组织研究—以浙江省宁波市为例［D］．南京：南京农业大学，2012.

[71] 沈新艺 . 城市化与和谐农村土地流转制度之构建 [J] . 农业经济，2010（2）：34-36.

[72] 衣芳，吕萍 . 中国城乡一体化探索 [M] . 北京：经济科学出版社，2009.

[73] 景冰琪，刘琨 . 简析成都市建设“世界现代田园城市” [J] . 四川建筑科学研究，2012，38（1）：252-254.

[74] 牛磊，姜增琛，刘晓等 . 3S 技术在土地管理中的应用[J]. 测绘通报，2012，28（2）：728-729.

[75] 王辉，李艳，刘刚 . “3S” 技术及其在土地资源管理中的应用 [J] . 现代农业科技，2009（21）：257-259.

[76] 桂德竹，张成成，李钢，等 . “3S” 集成技术在 “精准土地” 调查中的应用研究 [J] . 测绘科学，2007，32（4）：155-156.

[77] 丁莉东 . 测绘新技术在土地规划与管理中的应用[J]. 安徽农业科学，2010，38（24）：13432-13433，13436.

[78] 刘毅锟，西勤，李建胜，等 . 浅谈信息化测绘在土地利用与管理中的应用 [J] . 测绘与空间地理信息，2009，32（5）：132-134.

[79] 宋拥军，刘保东 . “3S” 技术在土地资源管理中应用的现状及趋势[J]. 山东国土资源，2005，21（9）：49-51.

[80] 马建梅 . 3S 技术在土地资源管理与决策中的应用 [J] . 西北农林科技大学学报：社会科学版，2011，1（3）：38-41.

[81] 刘杰 . 空间信息技术在土地利用规划中的应用 [J] . 测绘与空间地理信息，2008，31（2）：137-139.

[82] 龚健雅. 地理信息系统基础 [M]. 北京：科学出版社，2001.

[83] 王晓霞. 基于 GIS 的土地利用规划管理信息系统的设计与实现 [D]. 阜新：辽宁工程技术大学，2005.

[84] 孙在宏，陈惠明，乔伟峰等. 土地管理信息系统 [M]. 北京：科学出版社，2005.

[85] 刘剑. 土地利用规划管理信息系统的研究与实现 [D]. 长春：吉林大学，2005.

[86] 程雄, 熊华, 易玲. 土地利用规划信息管理系统中的数据组织研究[J]. 测绘通报，2002（5）：12–13.

[87] Joerin F , Musy A . Land management with GIS and multicriteria analysis[J]. 2000, 7(1):67–78.

[88] Kalogirou S . Expert systems and GIS: an application of land suitability evaluation[J]. Computers, Environment and Urban Systems, 2002, 26(2–3):89–112.

[89] 齐艳平. 土地利用管理信息系统设计与应用研究 [D]. 呼和浩特：内蒙古师范大学，2007.

[90] Bocco G，Mendoza Velazquez A. Remote sesing and GIS–based regional geomorphological mapping–a tool for land use planning in developing countries [J]. Geomorphology，2001：3–4.

[91] 周义，曹玉香等. 土地利用规划信息的社会化与网络化应用 [J]. 地球科学与环境学报，2006，28（2）：109–112.

[92] 卫海燕，康鉴，任志远. 基于 WebGIS 的西安市土地管理信息系统

设计与开发［J］. 干旱区资源与环境，2005，19（5）：20-24.

［93］郭健，王卉，阚映红. 基于 GIS 的城镇地籍管理信息系统［J］. 信息工程大学学报，2001，2（3）：60-63.

［94］孙静，赵伟，赵鲁全. 土地利用遥感动态监测技术方法介绍［J］. 山东国土资源，2005，4（4）：38-41.

［95］Locp. Application of Landsat TM data for quality of life assessment in an urban environment［J］. Computer，Environment and Urban Systems，2008，21（3）：259-276.

［96］Charnes A，Haynes K E，Hazleton J E，et al. A Hierarchical Goal - Programming Approach To Environmental Land Use Management[J]. Geographical Analysis, 2010, 7(2):121-130.

［97］Harris T M. Elmes G A. The Application of GIS in Urban and Regional Planning［J］. A Review of the North American Experience. Applied Geography，2003，13（1）：9-27.

［98］Langran G. Issues of implementing a spatiotemporal system［J］. International Journal of Geographical information Systems，2009，7（4）：305-310.

［99］Robert Rugg D. Defining Standard Features of Land Information Systems［J］. Cartography and Geographic Information Systems，2005，22（3）：195-204.

［100］刘一鸣. 基于 GIS 的土地利用管理系统设计与实现［D］. 长沙：中南大学，2011.

[101] 向剑凛．基于 ARCGIS 的土地信息管理系统的开发 [D]．成都：电子科技大学，2011.

[102] 李艳萍．基于 GIS 的乡级土地利用管理信息系统的设计与研究 [D]．石家庄：河北师范大学，2009.

[103] 林婷，刘仁义，刘南．土地利用规划信息系统的研发与应用 [J]．地球信息科学，2006，8（2）：138-140.

[104] Verdoodt A， Van Ranst E. Environmental assessment tools for multi-scale land resources information systems： A case of Rwanda [J]. Agriculture， ecosystems& environment，2006，114（2）：170-184.

[105] Saroinsong F， Harashina K， Arifin H，et al. Practical application of a land resources information system for agricultural landscape planning [J]. Landscape and Urban Planning，2007，79（1）：38-52.

[106] Hansen A J， Brown D G. Land-Use Change in Rural America： Rates， Drivers， and Consequences [J]. Ecological Applications，2005，15：1849-1850.

[107] Currit N， Eastering W E. Globalization and population drivers of rural-urban land-use change in Chihuahua， Mexico [J]. Land Use Policy，2009，26（3）：535-544.

[108] Huang Q， Li M， Chen Z， et al. Land Consolidation： An Approach for Sustainable Development in Rural China [J]. Ambio，2011，40（1）：93-95.

[109] Aspjnail R J， et al. Geographical Information systems for Rural Land

Use Planning [J] . Applige Geography，1993，13（1）：54-66.

[110] Ahlqvist OlA. Extending post-classification change detection using semantic similarity metrics to overcome class heterogeneity: A study of 1992 and 2001 US National Land Cover Database changes [J] . Remote Sensing of Environment，2008，112（3）：1126-1241.

[111] David M. The obaldNT， Hobbs， Tammy Bearly， et al. Incorporating biological information in local land-use decision making: designing a system for conservation planning [J] . Landscape Ecology，2000（15）：1-45.

[112] ArcGIS Engine Developer Guide [M] . Environment Systems Research Institute，Inc，2004.

[113] Janet E， Nichol， ManSing W et. al. A 3D aerosoland visibility information system for urban areas remote sensing and GIS [J] . Atmospheric Environment 2010，38（11）：2501-2506.

[114] 袁维 . 乡镇土地利用规划效益评价研究 - 以黔江区黄溪镇为例[D]. 重庆：西南大学，2012.

[115] 谢敏，郝晋珉，丁忠义等 . 城市土地集约利用内涵及其评价指标体系研究 [J] . 北京：中国农业大学学报，2006. 11（5）：117-120.

[116] 赵敏宁，牛顿，李云青等 . 西咸新区土地集约利用评价指标体系构建 [J] . 西部经济，2014（3）：5-9.

[117] 郭苑靖 . 国际化大都市社会信息化测评指标体系的研究[D]. 合肥：安徽理工大学，2011.

[118] Scheirer, MaryAnn. Designing and Using Processing. In Handbook of Practical Program Evaluation[J]. Environment Mart agent, 2002, 30(3): 391–405.

[119] 葛丽颖，任向宁 . 土地利用规划环境影响评价建立与案例 [J] . 广东土地科学，2009，8（3）：19–24.

[120] 吴克宁，赵珂 . 基于生态系统服务功能价值理论的土地利用规划环境影响评价 – 以安阳市为例 [J] . 中国土地科学，2008，22（2）：23–28.

[121] 胡廷兰，杨志峰 . 农用地土地整理的生态效益评价方法 [J] . 农业工程学报，2004，20（5）：275–280.

[122] 李霞，刘秀华 . 论土地整理项目综合效益评价 [J] . 西南农业大学学报（社会科学版），2004，2（4）：5–8.

[123] Crecente R, Alvarez C. Economic, social and environment impact of land consolidation in Galicia [J] . Land Use Policy, 2002, 19（2）: 135–147.

[124] Lerman Zvi, Cimpoies, Dragos. Land consolidation on as a factor for rural development in Moldova [J] . Europe–Asia Studies. 2005, 58（3）: 439–455.

[125] 岳波 . 吉林省西部土地整理重大项目综合效益评价研究——以大安市为例 [D] . 长春：吉林大学，2009.

[126] 陈利根，于娜，曲欣 . 土地整理生态效益评价指标体系研究及应用 [J] . 安徽农业科学，2008，36（20）：8732–8734.

[127] 李岩，赵庚星，王瑷玲．土地整理效益评价指标体系研究及其应用［J］．农业工程学报，2006，22（10）：98-101.

[128] 王毅，刘淑英．土地整理效益评价指标体系研究［J］．黑龙江农业科学，2012，24（4）：114-118.

[129] 周丽晓．基于 AHP-FCE 模型的土地整理项目后综合效益评价研究——以武汉市江夏区为例［D］．武汉：中国地质大学，2012.

[130] Liu S L，Cui B S，Dong S K，et al. Evaluating the Influence of Road Networks on Landscape and Regional Ecological Risk-A Case Study in Lancang River Valley of Southwest China［J］. Ecological Engineering，2008，48（34）：91-99.

[131] Dale V H，Haeuber R A，Hobbs N T，etal. Ecological principles and guidelines for managing the use of land［J］. Ecological Applications，2000，10（3）：639-670.

[132] Gengxing Zhao，Ge Lin and Tim，Warner. Using Thematic Mapper data for change detection and sustainable use of cultivated land：a case study in the Yellow River delta，China［J］. International Journal of Remote Sensing，2004，25（13）：2509-2522.

[133] Petr Sklenicka. Applying evaluation criteria for the land consolidation effect to three contrasting study areas in Czech Republic［J］. Land Use Policy，2006，23（4）：502-510.

[134] Gonzalez X P，Alvarez C J，Crecente R. Evaluation of land distribution with Joint regard to plot size and shape［J］. Agricultural

Systems，2004，82（1）：31–43.

[135] 张正峰，赵伟 . 土地整理的资源与经济效益评估方法 [J] . 农业工程学报，2011，27（3）：295–299.

[136] Lerman Zvi， Cimpoies， Dragos. Land consolidation as a factor for rural development in Moldova [J]. Europe–Asia Studies，2006，58 (3)：439–455.

[137] 程媞 . 农村土地整理效益评价研究 [D] . 武汉：华中农业大学，2011.

[138] 张培明 . 河南省南乐市县张果屯乡土地整理效益评价研究 [D] . 成都：四川农业大学，2009.

[139] M Cohen， D Varga. A mulyi–scale and multi–disciplinary approach to monitor landscape dynamics： a case study in the Catalan pre–Pyenees [J] .The Geographical Journal，2011，3（1）：79–91.

[140] Phillip K Mwanukuzi. Impact of non–livelihood–based land management on resources： the case of upland watersheds in Uporoto Mountains，South West Tanzania [J] . The Geographical Journal，2011，3（1）：27–34.

[141] 张旺锋，林志明 . 兰州市城市土地利用效益评价 [J] . 西北师范大学学报（自然科学版），2009（5）：99–103.

[142] 张皓星 . 洛阳市土地利用效益评价及协调调度分析 [D] . 开封：河南大学，2014.

[143] 谢志高 . 土地整理项目后评估指标体系和评估方法研究 [D] . 西安:

西安理工大学，2009.

[144] 李穗浓 . 基于城镇化视角的乡村土地利用效益评价及调控机制研究——以广州市白云区 118 个行政村为例 [D]. 北京：中国地质大学，2014.

[145] 王雨晴，宋戈 . 城市土地利用综合效益评价与案例研究 [J]. 地理科学，2006，26（6）：743-748.

攻读学位期间取得的研究成果

[1] Li Meng, The Land Fine Management and Service Aided by the GIS. 2013 3rd International Conference on Social Sciences and Society (ICSSS 2013), Jeju Island, Korea, December 27–28, 2013: 227–230.

[2] Li Meng, The Land Finement Management Aided by the GIS. International Sciences Technology Publication, Paris, France, No. 04, 2014: 321–324.

[3] Li Meng, The Developing of Query and Analysis System for 3D Digital City. Progress in Applied Sciences, Engineering and Technology. 2014 Trans Tech Publications Ltd, Switzerland, 2014: 673–676.

[4] Li Meng, Study on City Agriculture Model under New Urbanization of Xixian New Area. Proceedings of the 2014 International Conference on Education Technology and Social Science, Taiyuan: November 22–23,

2014：349-351.

［5］吴啸龙，杨志强，李萌等．位错理论模型在福建省沿海交通干线地面沉降模拟中的应用[J].东南大学学报(自然科学版)，2013(s2)：338-342.

［6］李萌．小型无人机低空摄影测量在土地确权应用中的探究—以陕西试点区域为例[J].江西农业大学学报(自然科学版)，2016，38(4)：760-766.

致 谢

四年的博士研究生学习生涯即将结束，离别之际，感慨良多。在学校的这几年生活中，很多事情令我难忘，但尤为感谢大家对我的帮助。在此，谨向给予我指导、帮助、关怀和鼓励的人们表示衷心的感谢！

首先衷心谢谢我的老师杨志强教授，感恩他在我读博以来不顾辛劳地给予我知识上的引领。在我的学习和生活中，导师给予了我无尽无私的帮助，在逆境中给我鼓励，在迷茫中为我解惑，回想起点点滴滴，难忘师恩！博士论文的选题和构思倾注了老师大量的心血，从读博士开始，导师精心为我规划了研究方向，悉心对我系统培养。他自身还关注相关领域的最新信息，对我的论文进行细心指导。导师广博的学识、严谨的治学态度给我留下了深刻的印象，我会在今后学习、工作中更加努力，以导师为榜样，今后以优异的成绩回馈他。再一次谨向我的恩师杨志强教授表示最真诚的感谢！

感谢多年以来并肩学习的同门师弟师妹们，谢谢你们伴随我一起走过了这段难忘的人生历程。感谢论文写作期间，姜刚老师、石震老师、武继峰博士、吴啸龙博士、计国锋博士、马骥博士、刘晨晨博士、田镇博士、时丕旭硕士、谢欢硕士、武晴晴硕士、姚佩超硕士、贺凯盈硕士、张伟朋硕士等同学给予了积极帮助，在此表达我最诚挚的谢意。

最后感谢我的家人和朋友，感恩父亲给予我遇到困难时的安慰与鼓励，感恩母亲的辛劳付出。还有感谢我的小伙伴王琳、郭晶、何佳佳，四年的时光，你们一直都在我的身边陪伴，特别感谢彭勃同学给予我的支持和鼓励。我的学业的完成与父母及朋友的无私帮助和鼓励是分不开的，谨向你们表示深深的感谢！